心灵之约

——教育随思录

郭宝向 著

中国文联出版社

图书在版编目（CIP）数据

心灵之约：教育随思录 / 郭宝向著 . -- 北京：中国文联出版社，2023.7
　ISBN 978-7-5190-5254-6

　Ⅰ . ①心… Ⅱ . ①郭… Ⅲ . ①初中－教育管理－研究 Ⅳ . ① G637

中国国家版本馆 CIP 数据核字（2023）第 133773 号

著　　者	郭宝向
责任编辑	赵永颜　刘　旭
责任校对	翰林校对
装帧设计	刘贝贝　李　娜

出版发行	中国文联出版社有限公司
社　　址	北京市朝阳区农展馆南里 10 号　　邮编　100125
电　　话	010-85923025（发行部）　010-85923091（总编室）
经　　销	全国新华书店等
印　　刷	廊坊佰利得印刷有限公司

开　　本	710 毫米 ×1000 毫米　　1/16
印　　张	15.75
字　　数	225 千字
版　　次	2023 年 7 月第 1 版第 1 次印刷
定　　价	56.00 元

版权所有·侵权必究
如有印装质量问题，请与本社发行部联系调换

序

做人唯善以为宝，从教以肝胆相向

与郭宝向老师相识，是必然中的偶然，也是幸事。他的温文尔雅，他的谦逊沉稳，他的踏实肯学，都给我留下了深刻的印象。

教育是"心"的事业，没有心的浸润与交流，就没有真正的"育"人，教育的过程就是用自己一生去赶赴一场心灵的约会，与学生、与家长、与教材、与课堂、与自己的内心……

从教三十年，他一直在用"心"去育人，用"心"管理班级，用"心"教导学生，用"心"去倾听学生，用"心"去抒写自己的所行所思……因为用"心"，所以有了许多"得"。

三十年来，郭老师一直躬耕于初中思想品德、道德与法治学科的教学与研究，形成了自己独特的教学风格，取得了丰硕的教研成果。班级管理上他以"理"为主，以"管"为辅，理顺了学生的心，理顺了学生的意，建立起管理的规和矩，便有了治班的本。他带领着他的团队搞教育科研，省市级课题若干个，做得扎实，做得有效，倾注了精力，付出了努力，提高了能力，成为滨州市乃至山东省教育科研工作的佼佼者。

"做人唯善以为宝，从教以肝胆相向"是郭老师的做人准则和从教遵循。教育学生，无论待谁，他都以"约"为先，从不信口许诺，更不随意惩戒。默默守护师生间的约定，暗暗契合学校的规章制度，成为他从教管理的不二法则。因这份"心"的守护，他赢得了老师们的

信任和学生的爱戴。

　　郭老师用心做教育，用爱筑情怀。与他谈教育，畅快惬意；让他说看法，很有见地。他说提高教学质量的根本在于提升教师素质，他倡导学校年轻教师撰写教育日志，且身体力行带头写，一以贯之，多年不辍。

　　生命有多种行走方式，而郭老师用"心"去行。他用心管理班级，成为师生口口相传的"带头大哥"；他用心研究教学，遵循学科规律，引领学生学习；他不放弃每一次学习机会，用心领悟所学，且学且思。他用心对待学生，思考他们的行为特点，找到适合他们的教育方法，因材施教；他用心对待同事，诚信宽容，用真情和善意赢得了大家的信赖；他用心对待工作，精益求精，把每一项负责的任务处理到最好。

　　这些"用心"，成就了他"渤海英才·十佳滨州名师"，滨州市"名教师"、教学能手，山东省基础教育教师培训专家，滨州市义务教育质量评价与监测专家，邹平市校长教师培训讲师团专家等荣誉和成绩。

　　这些"用心"，最终成就了他的《心灵之约——教育随思录》一书。此书以教育日志的形式呈现，真实地记录了一个基层教育工作者三十年的生命旅程。

　　本书大致分为五部分：第一辑：我的学生——学生教育，主要写的是对学生进行思想教育及和学生交往的故事；第二辑：且听且学——培训心得，主要是参加各种线上线下培训的学习心得；第三辑：且思且行——工作思考，主要记录自己对当前教育或自己经历的工作反思；第四辑：教学随思——学科教学，主要是初中道德与法治学科教学教研方面的一些思考和做法；第五辑：幸福随笔——生活感悟，主要写的是个人生活方面的感悟，看似与教育联系不大，实则教育与生活早已融为一体。

　　生命是一只不断扬帆的船，行与思贯穿着它前行的轨迹。作为教师，能用笔记录这趟行程中的点点滴滴，是一种幸福，更是一种美丽的姿态。而"心"的加入，无疑让这趟旅行变得沉稳而又庄重。此生此行，他愿意用"心"去践行生命中那些无形的"约定"，用"爱"去滋养它的美好，用"思"去提升它的品位……

　　文如其人，读其作，闻其声，见其人。细读此书，文风湿润绵长，感情真挚，爱意浓浓，堪称用心之作，值得一读。

山东省教育科学研究院　张彩霞
2023 年 5 月

| 目录 |

第一辑　我的学生　　　　　　　　　　001
  在梦里，你是我的唯一　　　　003
  用真情点击学生心灵的鼠标　　006
  迟来的爱　　　　　　　　　　008
  遇上这样的学生怎么办？　　　010
  时光荏苒飞如梭　　　　　　　012
  期末总结　　　　　　　　　　013
  你想成为什么样的人？　　　　014
  问题孩子背后的问题家长　　　016
  她会真的自杀吗？　　　　　　017
  难过的心　　　　　　　　　　019
  冷静的心　　　　　　　　　　021
  可怜的心　　　　　　　　　　023
  感恩的心　　　　　　　　　　025
  理性表达爱国热情　　　　　　028
  挥之不去的情愫　　　　　　　030
  送给我的弟子们　　　　　　　032

演戏	034
状元豆	036
开学第一课讲什么	037
中考记——毕业典礼	038
学生肖像记	039

第二辑　且听且学　　041

我们应该学什么？	043
我们应该怎么学？	046
我们在追求什么样的思想品德课堂？	048
且学且行（一）	052
且学且行（二）	054
一路研修一路歌	056
寒霜迷雾藏征途	058
且听且学，且思且行	063
他山之石	071
学习如此"美丽"	074
行走在思想的云端，品味着诗意的收获	081
沉舟侧畔千帆过，病树前头万木春	088
让学习真实发生	090

第三辑　且思且行　　093

学困生的成因及对策分析	095
我们应该营造一个什么样的"场"？	101
家长会不是班主任一个人的事	103
开放办学　共同施教	105
因为爱，所以爱	110

总结反思　团结创新	114
相互借鉴　共同提高	116
教育中的"两头"现象	120
遵循规律　守正简洁	123
要明确问题出在哪里？	124
因为爱，所以幸福	125
师生关系也是"教学力"	127
先进与落后	130
蹲点日记	132

第四辑　教学随思　　135

当前国际国内形势对青少年学生思想道德素质的影响与研究	137
实现三个转变　确立学生主体地位	141
树立大主体教育观　实施"开放式教学"	144
浅谈课改	148
练	151
课堂教学的美就是一种遗憾的美	153
"省课"小记	156
效果　效率　效益	159
思想品德课堂教学常见问题分析	161
谈优质课常态化	168
用好作业有讲究	173
课堂上，老师不要太任性	176
提问有法　设计有"度"	178
明明白白我的心，渴望一份真感觉	184
让我欢喜没有忧	187

花开自然　简中求道	194
命题有感	198
道法自然　且思且行	200
多情的雨与不羁的风	205
市课反思	207
最后一公里	209

第五辑　幸福随笔　　213

青春不悔　生命无憾	215
缘	218
孩子是父母永远的挂念	219
心态	221
对手与队友	223
课程与杂草	225
信念	226
不畏浮云遮望眼	228
春到梁邹	232
春	234
我还是一样喜欢你	236
我在美丽校园等你	238
师徒	240

| 第一辑 |

我的学生

在梦里，你是我的唯一

2002-09-25

那一年，我接了一个新班。事先我了解到当时的这个班在八个平行班中成绩最差，且学习习惯不好。在此之前，我只是给该班上课，说句实在话，我担心工作没有起色，辜负了学校领导的期望，但考虑再三，还是硬着头皮接了过来，并暗下决心，争取干出一番成绩来。

一、"在梦里，你是我的唯一"

接过这个班来，我意识到，要想卓有成效地开展班级工作，作为班主任的我首先要进行感情投资，与学生建立起感情来，取得学生的信任。于是，我给自己制定了这样一条工作方针：把学生当作自己要追求的"恋人"来看待，树立起一种"在梦里，你是我的唯一"的思想。在老师的心目中，学生的缺点也是优点，我主动去接触学生，了解学生，发现学生的闪光点并鼓励学生，以此来赢得学生的信任，争取达到"亲其师信其道"，使自己的工作措施逐步地发生效力。

二、"明天你是否依然爱我？"

第一个"晚点"（晚自习之前的小班会），我对我的"施政演说"进行了充分的准备。铃响后，我走进了教室，教室内的场面却让我很失望，几乎一半的同学还没到，教室里的学生也在说笑打闹，我问道："他们都到哪里去了？"几个同学回答说："都在宿舍里。"我强压住心中的怒火，经过进一步了解，很快弄清楚了到底是怎么回事：换班主任的消息学生早已得知，不在的学生全是女生，她们和原来的班主任张老师（是一位女老师）在女生宿舍进行告别。几分钟之后，她们陆续从宿舍回到教室，并且我注意到有不少女生哭了。我走上讲台，很多同学都低下头准备等待我的训斥，然而我没有这样做，也没有进行我的"施政演说"，我说话了："请同学们抬起头来，我为今晚同学们的举动感到非常高兴，这说明同学们很注重感情。我相信，只要具备了这一点，我们班肯定会大有希望的。我希望以后同学们能积极配合我的工作，争取把我们班的学习成绩搞上去。如果将来有一天我不给同学们担任班主任的时候，同学们能像今天对待你们张老师一样来对待我，我就知足了。"我说完之后，同学们都用一种疑惑的眼光看着我，但从同学们的眼神中，我可以看出同学们已经接纳了我。

三、"让我们共同唱一首《敢于出错歌》"

该班的一个特点是课堂气氛不够活跃，老师提出的问题，即使会也不举手回答问题，致使很多任课教师不愿给我们班上课。经过调查，我了解到大多数学生是心存顾虑，害怕答错让别人笑话。针对这一点，我用辩证的观点教育学生：教师渴望的不只是正确答案，因为如果同学们都掌握了，也就用不着老师教了。实际上，老师很喜欢那些答错问题的学生，这样可以启发其他同学在以后不再犯类似的错误。如果你提前犯了错误，也就不会把错误带到考场上去了。为此，我给同学们编了一首《敢于出错歌》："出错不要紧，只要动脑筋；错了我一个，启发全班人。"让学生认识到，答错问题不仅不会被别人笑话，反而是对班级的一个贡献。从此以后，同学们上课踊跃回答问题，积极与老师配合，任课老师也愿意给我们班上课了，我们班的成绩稳步上升。

在以后近两年的考试中，我们班的成绩稳步提高，曾获得级部的第二名、第一名，由入学之初的一个差班变成了一个优秀班集体。当我离开他们来到实验中学的时候,他们感到很突然,第一个星期天我回家的时候,很多同学自发地来到我家,述说着两年来发生的一切。后来,我收到我班学习委员代表全体同学写给我的一封信,其中最后一句是这样写的:"老师,明天我们会依然爱你。"我流下了欣慰的泪水。

用真情点击学生心灵的鼠标

2007-12-10

没有当过教师的人，绝不会理解一个教师的心。教师最大的幸福莫过于学生的成长和成人。从教十几年来，从未想过要做出什么巨大的贡献，只知道：作为一名教师，要对自己所教的每一位学生负责，尽自己最大的努力，让每个学生都健康地成长。

这一学期，初三（四）班一个叫李某的学生因为和别人打架等原因，班主任尹某老师和学生家长谈话后，学生家长认识到问题的严重性，认为这样下去可能要毁了孩子，于是家长主动提出给孩子转学。因为此学生是我一远房亲戚，入学时曾找过我，听尹老师说他的家长曾说过这样的话：孩子这样了，我也不好意思再找郭老师了，麻烦您见到他时转告他一声。我听了之后，自己反而觉得有点不好意思，总觉得是自己有点没尽上责任，导致孩子没沿着正路走。这件事情一直在我心中挥之不去，心想，以后不能再让类似的事情发生，至少在自己所负责的范围内应该努力地去做到。

后来接触的孙某便是其中的一个。之前曾听说过这个名字，当然是因为违纪等事情，认为是个比较难管的学生，只是在一次检查眼保健操时因为他不认真做我才认识了他。

一天早晨，孙某因为没按时起床耽误了就餐，和值班老师发起脾气来，一扭头说道："我不吃了。"随即起身离开了。

到办公室后，我没有大发雷霆，而是先让他进行自省，把自己的想法说出来，让他合理地去宣泄情绪，并借机从他的话语中找到解决问题的突破口。我告诉他爸爸对他的担心（家长会时，曾和他爸爸交流过），告诉他从乡镇来借读是为了什么，要了解父母的良苦用心（《孝敬父母》）；我告诉他这样做是对老师极大的不尊重，你不尊重别人，别人就很难尊重你，要想赢得别人的尊重，首先要学会尊重别人，自己尊重自己（《尊重他人》）；要学会对自己的行为负责，你的行为产生了很坏的影响和后果，必须要负责（《行为不同结果不同》）；我和他一起学习《中学生日常行为规范》，联系政治课本上刚刚学过的"制度的正义性"给他说：制度不是约束哪一个人的，制度的正义性就在于它适用于所有的人，不允许有个别人例外，《中学生日常行为规范》对全国中学生都是一样，你也不例外（《公平正义》《法律保障生活》）。……说着说着，他流泪了，我看机会差不多了，就让他回教室上课。此后，孙某的表现有了很大的进步，尤其课堂上表现得非常积极认真。

面对情绪激动的学生，老师需要调节控制好自己的情绪，更要调节控制好学生的情绪，巧妙地运用各种情绪宣泄的方式，运用课本上所学过的知识帮学生去分析问题，让学生从理论上知道自己行为的错误，他会认识更深刻，真正把工作做到学生心里去。

苏霍姆林斯基曾这样论述教育者要爱护学生自尊心的重要性："年轻的朋友，请记住，这是一种非常脆弱的东西，对待它要极为小心，要小心地像对待一朵玫瑰花上颤动欲滴的露珠。要培养自尊心，只有用温柔细致的教育手段……"批评要从保护学生的自尊心出发，让批评充满理解和信任，才能让学生体面地接受批评。生命因信任而美丽。信任会让学生获得人格的尊严，激发出他们自信自爱的热情。让我们用真情去点击学生心灵的鼠标，用真心换真情，让每个学生健康地成长。

迟来的爱

2010-11-08

经常说起一句话：老师的工作是凭良心干的，老师的工作效果是长期的、隐形的，并不是短期内能见效果的。我们经常说十年树木，百年树人，近期的几件事让我进一步体会到了教师职业的幸福感。

两周前在4S店保养车的时候，突然一个胖胖的男人走到我跟前，看着我，问道："郭老师，您还认识我吗？"我一看，很快做出了反应，张嘴说出了该学生的名字。该学生是在17年以前我毕业参加工作教的第一届学生，可谓开门弟子，我清晰地记得当时该学生算是比较调皮但脑袋瓜子比较灵活的那类人。我检查时政题的记忆，采取了一个方法是把题目写在一张张的纸条上，让学生抽签，背过了就算过关。别的同学都用力地背，可唯独他找到我，想比着纸条上的原题背，在当时算是比较有胆量的了，我答应了他，因为我想目的就是让学生记住，他只要能达到目的完成任务就行了。自从他们毕业后我几乎就再也没见到过他，没想到今天在这样一个地方见面。经过聊天得知他现在在创业集团当上了厂长，临走时说，以后老师有什么事情尽管说，只要学生能办到，我虽然没有什么事情找他，但觉得心里热乎乎的。三天前打电话给我说，集团内部组织部分领导要去台湾地区，说回来时一定给我带点礼物回来，我说谢谢，不用了，祝你一路顺风。

上周中午突然接到一信息，问我是不是郭老师，说有时间要来看我，看完后才知道是10年前毕业的一女生，她说一直在打听我的联系方式，后来通过车间里同事和小区内的学生找到了我的手机号，说要请请我，以感谢当年对她的帮助和教诲。我仔细回忆了当年，她们这一级入学应该是在1996年，毕业应该是在2000年，当时并没有给她过多的关照。可她几天以后的又一个短信让我体会到了作为一位教师对一个学生的影响会是怎样的，短信是这样写的：郭老师，我通过网上从你们学校组织的节目中，看到您一点也没变样，我想等歇班时请您和师母吃顿饭。谢谢老师在学校帮助我，让我在学习成绩差的时候不觉得太自卑，虽然以后老师也许用不上我帮什么忙，如果老师有困难我会永远帮助老师的，祝您及家人永远健康幸福。读完之后，顿时感觉心潮难平。

　　学生的理解、祝福和感恩，对老师来说是一份迟来的爱，我相信比这个来得晚的肯定还有。

遇上这样的学生怎么办？

2011-04-20

周一一上班，一班主任找到我向我汇报了她班上周五下午发生的一件事。该生脾气暴躁，一旦发起脾气谁都无法劝。一般情况下，无论是好学生，还是差学生，只要他开口说话，就可以沟通，就可以交流，就能找到工作的突破口，可当我和这位学生单独谈的时候，他是一言不发，无论如何都不说话，让你感觉无从下手，还真有点让人束手无策。无奈之下，我让他回到教室，和班主任老师商量下一步的对策，在这种情况下，只有冷处理，否则，说不定会出什么结果。

听班主任说，他母亲在和她通话时提到，该学生坚决不让他母亲到学校，因为他感觉那是件很丢人的事。听到这里，我感觉有门，于是经过和班主任商量，我决定让他母亲来学校共同商量该怎么办。学生家长到校后，我和她聊了一个多小时的时间，几乎全是听母亲在说，说他的孩子最致命的弱点就是这个坏脾气、坏毛病，从上小学到现在不知多少次被老师叫到学校，并且说了很多平时在家发生的类似的情况。家长希望老师能和她共同采取措施，帮助孩子改正这个缺点。

从他母亲口中得知，孩子爸爸就是个这样的人，说不定什么时候就发脾气，发起脾气来谁也劝不动，正是因为如此，他们离婚了。离婚后，实际上孩子判给了爸爸，但是妈妈不放心，认为爸爸这样的脾气很难教育好孩子，后来，妈妈又让孩子跟着她生活，希望能受到较好的教育。

经过交流,我大体了解了这个孩子和周五下午发生事情的大致经过。最后和他母亲商定,对于她来校的事情不让孩子知道,孩子回家后就像什么事情都没发生一样,两三天之后再和他谈这件事,然后我再找他谈,看他的反应和认识后再采取进一步的措施。母亲很高兴,趁着没下课,偷偷地离开了学校。

接下来的时间,我和孩子班主任商定:如果孩子平时有好的表现、值得肯定的地方,一定要及时通知我。我抓住时机及时和他谈心,肯定了他的进步,并试着和他交流他的家庭,他内心并没有表现出太大的抵触情绪,我不失时机地告诉他:作为家里的男子汉,你要学会担当,成长成熟起来,将来才有能力去保护、孝敬、赡养为你操劳的母亲,你母亲身体如此弱小,但有强大的内心,她曾明确表示多么渴望将来你能给她撑起一片天,能成为她的骄傲。孩子内心受到触动,表示以后遇到事情一定要学会克制自己的情绪,并使自己强大起来。

后来的日子,孩子虽然偶尔还会犯一些错误,但总体是朝着一个好的方向发展。学生毕业后去了职业学校,有时出现问题,他的母亲依然经常给我打电话,让我去做他的工作。几年后,孩子的母亲突然通过QQ给我发来几张英俊潇洒的穿着军装的解放军战士照片,一时间我都没认出是谁。原来孩子职业学校毕业后去参军当兵,在部队发展得很好,并且开始学会关心她了,从母亲的话语中可以感受到她内心充满着满满的自豪!

时光荏苒飞如梭
——期中总结

2011-05-06

初一第二学期转眼间过去了一半，在全体学生的期中总结表彰会上，我一改以往絮套和冗杂的总结方式，给学生做了如下的总结：

> 时光荏苒飞如梭，这一学期一半过；
> 回首往事收获多，且听我来细细说。
> 愉快寒假迅速过，来到学校查作业；
> 教师检查力度大，差的少来好得多。
> 大众健身学新操，师生同练热情高；
> 比赛之后不再做，内心感觉不好过。
> 优秀学生不一般，气象局里去参观；
> 走向社会去实践，回到学校好好干。
> 系列标兵搞评选，全体学生齐争先；
> 师生共同齐努力，只为养成好习惯。
> 期中过后来总结，优秀进步把奖颁；
> 今天落后心不甘，期末表彰我来站。

期末总结

2011-07-06

7月6日召开本学期期末总结表彰会,坐在主席台上盘点了一下本学期的工作,写下这篇打油诗,算是对本学期所做工作的一个总结。

初中生活过一年,工作学习大发展。
系列标兵搞评选,综合素质管理严。
家长听课来到班,加强联系提意见。
优秀学生去实践,提高兴趣学中玩。
竹竿舞蹈女加男,全民做操把身健。
红歌颂党九十年,学习本领社会献。
本次考核获第三,今后尚需努力干。

你想成为什么样的人？

2012-03-23

　　针对学生中出现的一些不良现象，为了帮助学生树立正确的人生观、价值观，我召开了全体学生会，语重深长地和他们说：通过班教导会上老师们的反映和我的观察，十班、七班、四班变化尤其大，绝大部分同学表现出一种积极向上、努力学习的精神状态。有的同学表现出了极强的学习积极性和主动性，如十班的成某不懂就问，有着老实的学习态度，刘某涵主动学习，几乎在校期间就能把老师布置的作业做完，可每天进行拓展复习仍然到很晚，每次都是家长督促去睡觉。四班王某森同学被评为课前预习之星。这些同学就是最优秀的吗？肯定不是，但是老师们心里有自己的衡量标准，有的同学成绩不好，但在老师眼里仍是好学生，单纯、朴实、努力、向上、团结同学、乐于助人、有集体主义荣誉感和责任感。品德永远是衡量一个人好坏的首要标准。中国有句古话叫，德才兼备是圣人，有德无才是贤人，有才无德是小人，才德俱失是庸人。司马光有种说法：德才兼备是圣人，德才兼亡是愚人，德胜才是君子，才胜德是小人。现代人的一种说法叫：无德无才是废品，有德无才是次品，有才无德是危险品，德才兼备才是合格品。现代社会人们的用人标准是：德才兼备提拔重用，有德无才培养使用，有才无德限制使用，无德无才坚决不用。

　　同学们，我这儿有一个问题：如果你给自己的道德打个等级，你会打 A、B、C 还是 D 呢？你将来打算让自己成为什么样的人呢？

"静以修身，俭以养德"，养成勤俭节约的好习惯会让你受用一生，一个节俭的人更容易摆脱外界的各种诱惑，树立内心远大的目标。只有志存高远，执着追求，才会大有作为；凡是那些有作为、有成就、为社会做出巨大贡献的人，都是那些只求进取、不求享受，能够吃大苦、耐大劳的人，是那些一生艰苦奋斗，勇于战胜困难的人。而那些从小只会讲吃讲穿、讲玩讲耍讲排场的人，必将一事无成，成为社会的废品和垃圾。

"人无德不立，国无德不兴。"优良品德的养成对人的一生至关重要。作为一名中学生，如果说你的学习成绩较差可以原谅的话，那你在平时表现出来的打架、骂人、破坏公物、抄袭作业、考试作弊、扰乱课堂秩序、顶撞辱骂老师等一些不道德的行为则是不可原谅的。道德品质的优劣将决定你人生的成败，我们切不可成为对他人、对社会没有贡献，反而危害他人、危害社会的危险品。

我和全体同学一起重新学习"老师最喜爱的学生"评选标准（在评选"学生最喜爱的老师"基础上，我们组织开创了"老师最喜爱的学生"评选活动，评选标准不唯成绩，由各任课教师共同商定），本周六每班评选十名"老师最喜爱的学生"参加一次志愿服务社会实践活动，作为对优秀学生的一次奖励。

改变不了别人就改变自己。要想改变别人对你的看法，你必须首先改变自己。不要为学习找一些牵强的理由，"不为失败找理由，只为成功找方法"。

"不比阔气比志气，不比聪明比勤奋，不比基础比进步。"人活着要有点追求，不要像行尸走肉一样，让人瞧不起，要活得有点尊严。

问题孩子背后的问题家长

2012-04-09

周五处理了一个学生，系五班一女生，主要问题是因为交友不慎，和社会上人员交往过密，撒谎旷课。

经过和家长的交流，我了解到孩子之所以出现这种情况，主要责任在家长：平时家长管理不善，父亲常年在外，孩子跟着姥姥吃午饭。父母亲平时和孩子交流少，出了问题就动用暴力，为了让孩子不在别的孩子面前丢面子（实际上就是一种攀比心理），孩子手里的零花钱不断而且还不少，带手机上学不严加制止，同学过生日出去吃饭，去歌厅唱歌等。听母亲说起这些并不认为这些做法有什么不妥，而且还觉得理所应当，比如谈起零花钱的时候，说现在生活好了，给她点三五十元的零花钱，也不至于在同学们面前没面子。听她讲完，最后我说道：孩子之所以出现这些问题，责任完全在家长，是你平时的所作所为让孩子一步步变成了这样。我一一给她列举了她的这些不妥的行为，并告诉她哪些是原则性问题，是坚决不能违反的，从她的眼神和表情可以看出她在很多方面仍不能接受或认同。我想这就是思想观念问题，思想决定行为，观念决定方法。

我在反思这件事情，单纯靠教师、靠学校，有些时候我们是无能为力的，毕竟学生和老师在一起的时间只有三年，很多习惯家庭早已给她养成了，我们的教育怎么才能发挥效力？

她会真的自杀吗？

2012-04-22

前几天有一件事情让我感触挺多的。

周四上午，一学生家长来到学校和班主任交流孩子的情况，班主任感觉有点棘手，把我也叫到级部会议室，让我帮助他们解决处理。学生李某是一个很漂亮的女生，虽然上学期曾经耳闻关于她男女生交往的问题，但后来了解到她已经处理得很好了，又加上她平时各方面表现都很好，除了有点偏科，数学成绩较差外，在我的眼里一直是个很优秀的学生。

今天上午她妈妈来到学校的主要原因是昨天早晨该上学的时候了，母亲给她叫门，结果叫不开门，最终结果是她割腕了。母亲看到这个场面不禁感到意外，甚至有点近乎绝望，幸亏情况不是很严重，做了些简单包扎后在家待了一个上午，下午就上学了，主要原因是前一天母亲批评了她，她感觉母亲有点冤枉她，心理上接受不了就采取了这种非常的举动。而听她母亲和班主任老师说，她有这样的想法已经不是一天两天了，因为此前她曾多次问及生物老师关于手腕动脉的问题，哪一只手血流得更快一些等。只不过在此之前都没意识到她会这样做的，只是事情过后反向推理和分析才知道这些是先兆。

围绕她的学习和生活，我跟她妈和班主任交流了很多，她妈非常担心，是心理叛逆期？还是自己的教育方式有问题？还是格外敏感？还是……甚至想让她去看心理医生。最后围绕她平时和同学之间的交往、她的学习、她的心理、她的日常生活等我给她母亲提出了一些建议，说不用和她去看心理医生，先让我和她聊聊，做做她的思想工作，根据我对她的了解，我挺有自信能做好她的思想工作。从孩子妈妈临走时脸上的表情看上去轻松了许多。后来了解到她并不想真的自杀，只是想通过这种方式报复、吓唬她的母亲。

我决定找她谈一谈。

几天后，我找了一个合适的时间，和这位"自杀女生"做了一次谈心，时长大约两个半小时。

谈心从评价开始。我让她谈对我的评价、对她父母的评价、对其他老师的评价、对同学们的评价、对自己的评价……她侃侃而谈。从和她的交流中，可以看出她小小年纪考虑的事情还真不少。我给她讲了东营跳楼女孩的故事，我给她讲了感恩演讲中出走女孩的故事……自始至终我从未提及她割腕自杀的事情，但当我和她交流到一半时，她已开始揣摩出我找她谈话的真实意图了，她自己毫不避讳地主动谈了起来。她说当时感觉活着没啥意义，我很快敏感地判断是她的人生观出了问题。

我自信对学生进行人生观、价值观教育，我还是很得心应手的。她流下了悔恨的泪水，感觉以前自己很傻，不该做出这样的举动。在接下来一个多小时的时间里，我们又谈了很多，同时也让我更多地了解到了学生之间很多鲜为人知的"秘密"，让我窥探到他们丰富、复杂的内心世界。

当然，整个过程她说的多，我讲的少，因为我清楚这也是宣泄疏导情绪，排解心理问题的一种方式。到最后，她以一种轻松愉快的心情、积极向上的情绪离开了谈心室。说实话，结束这场谈话，我的内心也舒畅、亮堂许多，我内心也陡然产生了一种成就感和满足感。

难过的心

2012-05-04

上周五晚我们召开了家长会，结束最晚的班级，班主任离开学校时已经晚上十点半了。

因为四班一直是成绩比较差的一个班级，我单独参加了四班的家长会，给四班的家长讲了很多。我很客观地和四班学生家长分析了当前的学生状况，并指出这一学期以来班主任刘老师在班级管理上与以往相比较还是倾注了很大心血的，工作有了起色和进步，但需要一个过程，我们急不得，光着急也不行。同时我提出了下一步家长需要和老师配合与支持的工作，自我感觉还是有一定效果的。

集体会议结束后，单独接触了其他班的好几位家长，大多都是存在问题学生的家长，经过和他们的交流，了解到有的家长不耐烦，对于孩子的问题不闻不问，推卸责任；有的家长对于孩子的问题非常着急，急于转变孩子，寻求各种措施；有的家长虽然对孩子非常着急，但是表现出对孩子估计不足，无计可施，但仍心存幻想；也有的家长对自己的孩子缺乏了解；有的家长把孩子的教育问题完全归结于学校和老师，一副事不关己高高挂起的姿态，平时不闻不问，等到成绩出来着急一阵子；有些家长自己一分析，也分析得头头是道，可是到了现在有点为时已晚的感觉了。

此时，我想到了我级部一位老师说过的话：对待孩子的教育问题是只许成功不许失败的,因为我们没有改错的机会。真的是这样,知道错了,但已经是无法弥补了。

　　回到家后,想起这些问题,想起这些孩子,感到内心一阵难过,也让我产生了深深的思索,很久不能入睡。

冷静的心

2012-05-10

前天中午到校后,我还在教学楼下卫生区内查看学生值日情况,接到霍主任给我打的电话,"我班孙某因为……我批评她,不但不服从还顶撞老师"。电话中带着怒气和怨气。

该学生我是了解的,甚至可以说是比较熟悉的,我给该班上课时,她是我的课代表,我自认为和她在心理上沟通、做她的思想工作应该是有主动权的。在上楼的过程中我就开始调整自己的心态,考虑如何处理。

本想利用第一节课的时间和这位学生交流,谁知刚坐下一会儿,三班课代表来叫我,我忘记了第一节还有课,于是第一任务先去上课。因为我看她比较激动,一副满不在乎、固执己见的样子,很有抵触情绪,于是我决定先让她冷静下来。我没有对她进行训斥,因为这个时候,我再严厉的训斥,她都不会接受,反而会激化矛盾,不利于问题的解决。临走我告诉她:等我回来。

该女生存在的主要问题是近期交友很不讲究,也做出了很多破格的事,这次找她更主要的原因是她戴耳钉,与学生的身份很不合时宜。在教室我利用上课的间隙,重新阅读了张贴在教师墙壁上的《中学生日常行为规范》的相关规定,算是对与该学生进行正式谈话前的"备课"。

一节课后,继续刚才还未开始的谈话。我以为她应该考虑得差不多，能认识到自己的错误了，于是问她：下一步有什么想法？没想到她不冷不热地说了一句：没啥想法。由此我判断她还没想通。我针对她说的"自己还不能有点思想了吗？非要把学生变成木头人吗？我自己的身体我想怎么弄就怎么弄"，反问道：戴上耳钉就说明你有思想了？就说明你不是木头人了？你这种思想是低级庸俗的，恰恰说明你是个木头人，根本没有思想。她一时被我怼的无言以对了。

稍作停顿，我乘胜追击，又结合政治课本上刚刚学过的"制度的正义性"相关知识，对她说：制度不是约束哪一个人的，制度的正义性就在于它适用于所有的人，不允许有个别人例外，就像法律一样，对全体社会成员具有普遍约束力，第一节课上课时，我特意又看了《中学生日常行为规范》，它规范的是全国中学生的行为，你也不例外。

经过一番软硬兼施，见她低下了头，我随即问她一开始的问题：下一步咋办？她说：我回家后让我妈给我摘掉行吗？我换上一根茶叶棒。气氛开始松动，开始有效果了。我说到：回家让你妈给你摘掉可以，但最好茶叶棒也不要戴。她同意了。

谈话从一开始的猛烈攻击很快就平静了下来。处理学生问题，当学生情绪冲动时，我们需要一颗冷静的心。

可怜的心

2012-05-15

母亲节来临之际，我没有回家给母亲买礼物，真的，我感觉有点俗。孝敬父母难道就在这一天，关键是平时和永远。

不过，由于工作的原因，近期接触了几位母亲，进一步让我加深了对"可怜天下父母心"深刻内涵的理解。

其一，八班女生刘某，因长期不做作业，撒谎欺骗父母，班主任老师通知家长来学校进行沟通和交流。经过谈话得知孩子的在校表现母亲并不知情，一些事情被蒙在鼓里，当了解到事情真相后，母亲是又气又急，当着办公室其他老师甚至学生的面，失声痛哭。谈话结束，孩子离开办公室，走出门口却依然在笑。我想母亲的心在隐隐作痛，孩子的心则不为所动，真是可怜天下父母心啊！

其二，九班男生张某，性格有点内向但也不是很老实的那种学生，成绩较差。最初说是别的同学欺负他（经调查实际上根本不是这么回事），后来又说因为上课听不懂，想出去找活干，不想来上学。班主任老师非常负责任，多次和家长电话联系及面谈，我也和这位母亲正面接触谈过话，后来让班委同学做其工作，均不见成效。本来说好了周一由母亲陪同来校，结果到校后仍是不肯进教室，我也软硬兼施，该讲的道理也讲了，最终以失败而告终。他母亲说：孩子整天闷在家里，我担心时间长了会得抑郁症。每次在办公室看到不善言谈、着急又无奈的母亲，再看看不懂事的孩子，真是可怜天下父母心啊！

其三，九班男生姜某，性格顽皮，爱上网，经常请假不来，学习成绩直线下降。无奈之余母亲来到学校向班主任老师求救，我们了解到事情的真相：以前的每周一上午经常请假，原因是周末通宵上网，早晨到了上学的时候则身心疲惫，浑身乏力，于是母亲则给班主任老师打电话说孩子因吃别的东西导致身体不舒服或胃疼，休息一上午再去上学。最初的时候班主任老师相信了这种说法，类似的情况接连几次发生之后，班主任老师对母亲照顾不好孩子饮食的做法很有意见，但也是无奈之举。结果一而再，再而三地帮助孩子撒谎和纵容到了现在无法收拾的地步，母亲开始道出真相并向班主任老师求救。对这位母亲的做法感到有点可笑、可气而又可悲，真是可怜天下父母心啊！

感恩的心

2012-05-18

为了让学生学会感恩,我们组织了以感恩为主题的教育报告会,会上我们邀请到了三位学生家长给全体同学做了深情演讲,两名学生代表做了发言,听后很有感触,结合学生当前的学习及生活情况,我讲道:

一、常怀感恩之心,回报父母

近一段时间,我接触了不少家长,这其中有母亲也有父亲,从和他们的谈话交流中,了解到他们为了孩子们的学习与成长,用"呕心沥血"这个词来形容一点也不过分,可是,有的同学根本不理解父母的心,做出了让父母操心甚至是伤心的事。有的同学上网,上课不认真听讲,课后不完成作业,却一直在撒谎欺骗家长。当母亲了解到这些情况后,又生气又着急,在办公室当着那么多老师的面失声痛哭,有的父亲虽没有失声痛哭,但满脸的惆怅和无奈,不住地抹眼泪。同学们想想当时的父母是一种什么心情?到什么程度才会让父母有这样的举动和反应?我们应该怎样来回报生你养你含辛茹苦的父母?

二、常怀感恩之心,敬畏老师

有人说,有两类人渴望别人将来比自己强,一类是父母渴望自己的孩子将来比自己强;另一类是老师渴望自己的学生将来比自己强。

老师对待学生和父母对待孩子的心情是一样的，同样是无私的、伟大的、不求回报的。

老师对同学们的付出有些是你感觉不到的，这也正是他们的伟大之处。举两个近期的例子：一个是五一放假前的家长会，为了尽可能地不耽误家长们白天上班的时间，我们安排在晚上，本身这就是老师们工作之余个人的时间了，班主任老师们为了开好家长会，有三位班主任老师直到家长会十点多结束都没有来得及吃晚饭；再一个是从上一周开始我们进行地理、生物模拟考试，为了尽快地下发试卷，反馈给同学们，老师们阅卷都是利用晚上在家时间来完成的。他们自己也有老人孩子需要照顾，也有家务要做。

说真的，老师们的付出让我非常感动，甚至说是心疼，但是没办法，我们的职业、我们的责任，现在同学们面临的会考形势严峻，老师们必须要这样付出。所以同学们对老师们要心存感恩之心，心存敬畏之心。可惜的是，甚至让人感到可气、可悲的是，有的同学认识不到这些，尤其是经常存在违纪现象的一些同学，认为班主任老师是和他故意过不去，对他有意见。实际上，正是本着对同学们负责的态度，老师们才会这样去做，所以，对我们的老师，我们要心存感恩之心、敬畏之心。

三、常怀感恩之心，做最好的自己

学会感恩，不仅是对父母、对老师负责任，也是对自己负责任的表现。我们现在对自己负责任，首先表现为要努力学习，做最好的自己。就目前同学们的状况而言，还存在以下几方面的问题，希望有这几方面问题的同学在会后能有大的转变。一是整体学习氛围还不够浓厚，尤其是当前地理、生物会考的严峻形势，很多同学来到学校，走进教室后，进入状态比较慢。二是对自己的要求还不够高，仅仅把自己放在自己所在的班级比较，放在我们学校内部比较，不能跳出学校这个小圈子，有点成绩就沾沾自喜。三是有的同学对自己的复习缺乏计划性。四是要调整好自己的复习心态。最后时期的复习往往是枯燥的，如果只凭兴趣和情绪去复习，你是不会有好结果的，尤其是现在天气炎热，容易让人产生烦躁情绪，在这种情况下，谁能调控好自己的心态，做自己情绪的主人，谁就是最后的胜利者。

同学们，人生就是这样，需要一步步走出坚实有力的步伐，我们才会创造出有意义的人生、有价值的人生，而这些需要我们常怀感恩之心，回报我们的父母；常怀感恩之心，敬畏我们的老师；常怀感恩之心，做我们最好的自己。

理性表达爱国热情

2012-09-24

上学期的五月，天天关注中国和菲律宾关于南海的问题，看到网上全国人民同仇敌忾，我不禁也热血沸腾。我结合课本上所学知识给他们讲解：党的基本路线的核心内容是"一个中心，两个基本点"，而"一个中心"则是指坚持以经济建设为中心，邓小平同志指出，党的基本路线要坚持一百年不动摇，各项工作都要服从和服务于经济建设这个中心，除非有大规模外敌入侵，我们要珍惜和平环境，加快经济建设与改革开放，增强综合国力。作为中学生的我们，要学会理性爱国，当前任务是好好学习，将来报效祖国，这也是爱国的一种体现。千百年来，中华民族形成了以爱国主义为核心的团结统一、爱好和平、勤劳勇敢、自强不息的伟大民族精神，我们要成为这种民族精神的践行者和传承者。

前几天开车走在路上，看见前面一车的后挡风玻璃上贴着"钓鱼岛是中国的神圣领土"的车贴，并且还有免费领取车贴的电话，我意识到，反日行为在我们这个小县城也是实实在在存在的。

上周五离开班主任会时间不长，孙校长交给我一张关于网民涉嫌利用国庆假期进行游行示威的名单。因为牵扯我级部学生居多，会后我很快进行了落实，给相关学生开了会。经了解，他们大都只是一个QQ群里的成员，在群里发布的一些信息自己还不知道或被蒙在鼓里。

同样，我给这些学生讲了要理性表达爱国热情的道理，列举了青岛、西安等地出现的不文明甚至是违法犯罪行为的事例。我告诉他们：我们不能被别人利用，有些事情并不像我们想象的那样，即使你的出发点是好的，有时候它不一定会按照你事先设想的结果去发展。我又结合教材所学内容给他们讲了公民依法享有政治权利和政治自由，其中政治自由就包括公民享有言论、出版、集会、结社、游行、示威的自由，但行使这些政治自由是以不侵害他人的、集体的或社会的合法利益为前提的，何况我们国家有专门的《中华人民共和国集会游行示威法》，要想游行示威，必须就参加人员的组成、相关口号标语和游行路线向相关部门提出申请，批准之后方可进行。听了这些之后，学生都感觉收获挺大，表示理解，也算是一个理论联系实际，运用所学知识指导学生生活的生动案例。

我们每一个人都要增强公民意识，学会理性表达爱国热情和爱国诉求，做一名文明、守法的爱国公民。

挥之不去的情愫

2013-03-06

几天来,一直想写下这篇日志,无奈从上班第一天开始,就忙得脚不沾地,也难得有时间静下心来捋一捋难以平静的心情和有点混乱的思绪。

正月十五的晚上已经近十点钟了,接到七班班主任崔老师的电话,从她的话语中我仍能体会到她激动和悲伤的心情还没有平静下来。她班辛某同学从上学期期中之后因查出患有白血病一直住院治疗,她是放下辛某同学爸爸的电话立即给我打的。辛某爸爸放下一个男人的尊严在电话中失声痛哭,因为他接到了医院给孩子下达的病危通知书,此消息还未告诉她和她的母亲。因为辛某同学此时的思维还比较清晰,她很想见见她的同学和老师,无奈之下,辛某爸爸才拨通了班主任崔老师的电话,也是比较含蓄地表达了这个意思。当天晚上,我不顾时间已经很晚了,立即向学校相关领导进行了汇报,得到的答复是学校不宜出面去组织这件事,尤其是在假期,也考虑到学生安全问题。我立即把这个意思向崔老师进行了反馈,能听得出崔老师也有些失望,但随即表示了理解。我一直到深夜还在思考应该怎样做,内心在纠结。

第二天因家里来了客人,一忙倒把这事给临时先放下了。

正月十九老师们开始上班了,第一天开了一天的会。正月二十早上在上班途中,崔老师打电话说要请假,主要原因是要到殡仪馆参加辛某同学的遗体告别仪式。虽然早有心理准备,当我听到这个消息时还是感觉有些突然，没想到会来得这么快。到校后，打开微机在飞信备注上我打上了这样几个字："向辛某同学表示深切哀悼！"经过思考还是决定和崔老师一同去殡仪馆。时间定的是九点，唯恐去迟了，我们八点四十五就到了，我们看到了辛某同学的姑姑、表姐等亲属，在忙着办理相关手续。由于辛某同学母亲悲伤过度，也许不愿让孩子离开，这一天到得比较晚，为了等她遗体告别仪式推迟了不少时间。在等待的过程中，得到消息的七班不少同学在家长的带领下也来到了殡仪馆。在谈话中得知，有不少同学在辛某同学去世的前一天由家长陪同到济南军区总医院探望了她。据说当时她的思维还是清晰的，见到昔日的伙伴和同学，辛某同学说话不多，只是一味地流泪，我想那是激动的泪水，是欣慰的泪水，是难舍的泪水。同学们推着她走进CT室做了最后一次检查才离开，没想到仅仅隔了一天，她就离开了人世。

　　不愿再去描述看到辛某同学的母亲与崔老师等拥抱痛哭的场面，也不愿回忆同学们在她遗体旁边相拥而泣的场景，因为实在是让人难以自已。一个年轻的生命就这样让病魔无情地吞噬，就像含苞待放的花朵被突如其来的霜冻打死。本想着冬天已经过去，辛某同学能够迎来她生命的春天，只可惜……

　　在回来的路上，我感慨道：人的生命是脆弱的，所以我们一定要珍爱生命，好好活着。崔老师说，辛某同学留下遗言：希望咱班同学一定要努力学习，争取考上高中。我知道，崔老师也是在教育健康活着的孩子们。

　　愿辛某同学安息，走好！

送给我的弟子们

2013-06-06

从初一入学第一天到初三最后一天离校,我带的又一届学生要毕业了。在学生的毕业纪念册上,我留下了下面的话:

回忆

三年共度是缘遇,而今回首忆往昔。
军训虽苦全不怕,最是让人难忘记。
辩论赛场展风采,篮球虽小传友谊。
拔河绳边看拼搏,接力棒上齐努力。
合唱激情亮歌喉,元旦联欢笑声起。
升旗仪式满豪情,课间跑操步伐齐。
晨读课上书声琅,渴望眼神以求知。
每周一星努力争,万类霜天竞奋起。
志愿服务献爱心,走进社会强素质。
综合能力步步高,稚嫩面孔趋成熟。

感恩

三年师生共成长,点点滴滴难忘记。
殚精竭虑是领导,倾心付出是老师。
日夜操劳父母情,大爱无私记心底。

朝夕相处是同学，人生路上存知己。
愉快伤心随风去，同窗友谊当珍惜。
实中校园一草木，无尽感恩心铭记。

祝福

初中生活已结束，临别寄语表心迹。
祝福弟子人生美，崭新征程即开始。
走好明天人生路，莫因虚度空叹息。
学习合作与诚信，自尊自爱求自立。
自信自强助成功，风雨苦难去磨砺。
堂堂正正做真人，踏踏实实做大事。

演戏

2019-03-15

周二早晨,学生吕某未到校,回到办公室,手机上有吕某母亲的好几个未接电话。经过沟通得知,因为寒假期间吕某玩手机游戏有些上瘾,开学后依然摆脱不了手机的诱惑,在前天晚上他提出要手机的事后,母亲拒绝了他,便赌气大闹,早晨不来上学了。母亲打电话一方面是想告诉我孩子未上学,予以请假,另一方面是想问我该怎么处理。母亲谈了她的想法,我们达成了一致意见:无论他怎么闹家长都不能给他手机,他不想上学也不要催他求他上学,就这么耗着,等他自己主动提出,否则,吵吵闹闹不上学就能达到目的,以后他还会变本加厉。

第二天一早,我来到教室,看到吕某坐到了座位上,我等他给我解释,他没有。回到办公室给他妈打了电话,要让孩子形成一种认识:无论做什么事情要三思而后行,需要学会承担责任,我们必须抓住教育契机,乘势而上,通过这次给他留下深刻教训,真正达到教育目的。母亲很配合,很快来到学校,我们先在办公室进行了沟通交流,了解到吕某在家一天的行动,多次以出走相威胁,但都未能达到目的,认识并不深刻,和父母仍处于一种冷战状态。孩子来办公室后,我当着母亲的面问他,为什么昨天没来上学?他的回答避重就轻,根本不提手机的事,验证了我最初的预言,他的认识很不到位。我装作不知道事情的来龙去脉,让他回家好好反省,实事求是地将事情的详细过程和认识写下来。

第三天一早，孩子母亲就在我办公室门口等着了，和我介绍了昨天一天的情况。因为昨天晚上，孩子母亲就和我通了电话，要当着孩子的面把手机没收，让他死了这条心思。经过短暂的碰头和沟通，我们在孩子面前又开始"演戏"。看完他写的说明书，问他："以后还玩手机吗？"

他说："不玩了。"

我又问道："手机带来了吗？"

孩子母亲随即抢话道："带来了。"说着从口袋里掏了出来。

我说："好，既然不想玩了，那就断了这个念想，手机先放在我这里暂时保存，下周就要月考，我看你能考成啥样，等中考结束后，拿着高中录取通知书再来找我取手机。"

孩子回教室后，我问孩子他妈："手机你拿回去吧？放在我这里别给你弄丢了。"

孩子他妈却说："先放你这里，没事，我拿回去万一让他发现事情的真相就不好了。"

我暗暗笑道：她有点入戏了。

状元豆

2019-11-27

在南京培训学习之余，我们一起前往著名的夫子庙游玩，因为紧邻江南贡院这一中国科举考试出状元的地方，突然有了想给班里孩子们买点什么的想法，经过考察，决定给孩子们每人一包状元豆，以此来激励孩子们好好学习，全力以赴准备期末考试。周一课间操时间，学区安排进行期中考试总结表彰，我借此机会，将状元豆发给同学们，并且给他们提了附加"条件"，不能就这样白白地吃了我的状元豆，必须以优异成绩作为回报，同学们眼中放着光彩，表情洋溢喜悦，内心充满信心，我也期待能有好的收获，所谓"种瓜得瓜，种豆得豆"。

开学第一课讲什么

2021-09-18

今天我说的开学第一课不是中央电视台播出的那个,而是想谈谈每次新的学年开始,由于人员的调整和变动,有的老师跟着原有的班级继续上,很多老师则会接手一个新的班级,那么接手一个新的班级后,第一节课我们该讲些什么呢?结合自身体会仅谈两点:

一、要立规矩

我个人认为,第一节课很重要,不要担心会影响教学进度就忙着去教授新内容,首先得给学生立规矩,立好规矩,对于以后的教学会起到事半功倍的效果。

教学要求要严格,让学生从思想上重视本门学科,对学科和老师产生一种敬畏感。如我会告诉学生我的上课习惯是铃声一响就关门,不允许迟到,不要强调任何理由;课堂作业人人都必须上交,哪怕你不会或没做,只写上姓名也得交上;犯错违纪老师的处罚不管平时你的成绩好坏,男女平等,一视同仁等。

二、要树权威

第一节课你对学生是陌生的,学生对你也是陌生的,教师可以把自己的优点、成绩或过人之处"炫耀"给学生,让学生对老师产生敬佩感和高度信任感,从而喜欢并信服你说的话、你讲的课,为今后学好这门课奠定良好的情感基础。

中考记——毕业典礼

2022-06-21

阅卷结束,紧接着就是毕业典礼,从中考结束到现在,虽说毕业班的老师可以在家休息,可我还没休半天。

今年的毕业典礼安排在了操场,我早晨六点多一点就来到学校,没吃早餐径直来到操场。今年典礼的场面异常热烈,一是气氛热烈,二是气温热烈,坐在下面一动不动衣服也湿了一大半。

到我这个年龄,经历的毕业生多了些,每到这个时候尽量保持定力,表情淡然,不被现场的气氛感染,可到了最后,学生挨个离场走向"成功之门"和我挥手拥抱的时候,还是禁不住泪湿眼眶,目送他们远去的身影,又一次体会到"那间教室放飞的是希望,守巢的总是我"。

合影后再次回到十班教室,参加他们班组织的告别仪式,吃了家长买来的蛋糕,和同学们合影,给同学们签名,虽然没有明星的收入,但足足体会到了明星的感觉。

感触很多,由于时间关系难以沉下心来记述这五味杂陈的心情。

愿同学们秉承"爱与责任"的校训,在今后的生活中,学会爱自己、爱父母、爱同学、爱老师、爱家乡、爱国家,对自己负责、对父母负责、对他人负责、对社会负责、对国家负责,学会感恩,感恩自己、感恩父母、感恩同学、感恩老师、感恩他人、感恩我们这个伟大的时代。祝同学们在将来都能发展得好,做一个有理想、有本领、有担当,对他人、对社会、对国家有用的人。

学生肖像记

2022-07-07

写在前面的话：中考结束，又一批学生毕业了，作为班主任老师，回顾和学生度过的日日夜夜，无论是成绩好的还是习惯差的，三年来都或多或少地给我留下了一些印迹，因为毕业，无论是幸福的还是不愉快的琐碎往事都将随风而去。闲暇之余，对学生的过往做一简单的描述，留存在记忆中，以便当作往事的回味。

刘某宏

刘某宏是一个比较活泼的男生，我预言他将来会发展得不错。

我不记得刘某宏是从原来几班分到我班的了。整个初三上学期，他的学习成绩都不是很理想，但从平时的言谈举止看，他是一个挺机灵、善言谈、心思来得挺快的学生，为此，我让他负责我班每天安全日报表的填写，每逢周末找我签字后送到安全办。

最近几次模拟考试，刘某宏的成绩呈上升趋势，一度临近班级前十。临近中考，高中招生文件下来后，他突然找到我说，想要报特长生。我有些突然和意外，问他：你有什么特长？他说：足球。原来他在小学时曾经踢过足球，还代表学校参加过比赛，进入初中后，作为爱好只是在课余时间偶尔玩玩。我和他进一步交流了考特长生将来的发展方向和利弊等，谈了我的意见：你的文化课成绩又不是考不上，我不主张你走特长生这条路，回去和你家长再商量商量。结果，第二

天到校后，等真正报名时，他没有了动静。

但愿我给他的意见是有益的，也祝愿他能顺利考入高中。

纪某旺

纪某旺最后的模考成绩有些让我意外，同时也改变了我的学生观。

纪某旺从初一入学就在我班。通过和他父亲交流，了解到他的学习习惯很不好，注意力持续时间短，书写习惯差，手好乱摸索，据他父亲说，上小学时放学回家经常弄的满手是墨水。当时，我观察他一段时间还确实如此。初一时并没有多大改观，初二上学期，有一次，我忘了什么原因，他和我班孙某杰打架，孙某杰初一时身高就达到一米八，人高马大，纪某旺自然不是他的对手，肯定是吃了亏，回到家后当娘的看着心疼，先是给我打了电话，下午来到学校找我。我知道她来学校前一定是考虑再三的，我能理解做母亲的感受。经过调查了解，主要责任在孙某杰。

当然，纪某旺的家长对他的要求也是很严格的，对学校教育也很配合，尤其是疫情在家上网课期间，家长的监督和管理可以说是我班做得最到位的家长。我想可能正是有了这一段时间的付出，才为他复学后学习成绩的提高奠定了坚实的基础，才有了最近这次模拟考试成绩居全班第五，级部第三十九的好成绩。我在班里总结时说：纪某旺在这次模拟考试中进步很大，可以说创了历史新高，也足以说明一点"一切皆有可能"。

纪某旺的学习过程和发展变化有些出乎我的意料，从某种程度上也改变了我的学生观。

| 第二辑 |

且听且学

我们应该学什么？

2011-03-07

周六一天，非常紧张，上午听了三个半小时的课，下午听报告、交流、开会一直到六点。杜郎口中学在我校曾经产生过一阵较强烈的教育风暴，风靡一时。几年之后，在即将风平浪静的时候，我们又一次请他们来给我们的学生上课，给老师作报告、讲经验，眼下之时，我们似乎比以前成熟了许多，淡定了许多，也谨慎了许多。下面结合周六下午的会议精神和我自己的一些想法，和老师们交流以下几个观点：

一、解放思想，转变观念，端正态度

徐主任在报告中提到，无论是洋思、东庐还是杜郎口，他们三所学校的共同点是把学生的"学"进行了前置，为什么孩子的自主性落不到实处？主要是因为老师的教学模式是先讲后练。实事求是地讲，我们也同样存在这样的现象和事实，尤其对于学生的自学依然比较严重地存在老师不讲就不放心的想法。我觉得这是我们需要首先转变观念的地方。

二、对教育的坚持和追求还不够

学习他们调动学生积极性的方式：营造"参与无错"的氛围，没有批评，没有指责；给孩子提建议的方式；课堂即错堂，即成长；树

立课堂评价标准等，这些值得我们学习和借鉴。这些做法的背后折射出老师们的一种思想、一种态度。对于有些学生、有些现象，我们往往是苦于无策，甚至是无奈，想不出好的方法，把问题归结到了学生身上，他们则在一种信念的驱使下，进一步地坚持和追求，找到了这些我们听起来并不深奥也并不难操作的方法。

三、对学生的评价机制值得我们借鉴

为了让课堂活起来，学生动起来，效果好起来，他们采取了很多措施或者说叫教育技巧，尤其是学生评价机制，学习组长在对组员的评价作用和评价方式上，很值得我们借鉴。

由此我想到了我们的学生综合素质评价研究工作，我们也摸索出了一些成功的路子，有一些好的做法，但我们做得还不够细，不够具体，尤其是在评价结果的运用上，如何让学生体会到这一评价结果，我们下的功夫还不够，还有很多文章可做。这一课题虽然即将结题，但结题之后仍有很多工作要做，我们要把这项特色工作做大做强，真正成为典型。

四、在学生习惯养成上要下功夫

成校长听了文科两节课，在交流会上，对我们学生的课堂表现和学习习惯颇有微词，如学生的书写习惯、课堂回答问题的习惯，尤其是课堂回答问题的规则、谁先谁后、如何回答等问题提出了意见，提出我们的工作仍要在细和实上下功夫。下一步我们要从学生学习计划本的利用上、从学生的课堂表现上，充分利用好学生综合素质评价的杠杆作用，各班、各科找好自己工作的切入点和突破口，争取在学生的习惯养成上有较大突破。

从杜郎口中学老师的言谈表现来看，他们的教师素质在不断提高，他们的教学技巧和方法也在不断创新。为什么会这样？因为他们也在

不断反思、不断学习、不断创新。新的学期，我们每个老师都要打断创新，不要拘泥于当前，更不要拘泥于过去，只有不断学习、不断创新，我们才会不断取得新的进步。

我们应该怎么学？

2011-03-09

不是我学政治的缘故，凡事都讲辩证法，我想事实上也应该是这样，任何事物都有其有利的一面，也有其不好的一面，我们学习先进学校先进经验也是如此。

毛泽东思想活的灵魂就是解放思想，实事求是，具体情况具体分析。所以，我们在学习过程中也要采用扬弃的观点去学习，切勿照搬照抄。我们经常讲"中国特色"，什么叫中国特色？中国特色就是中国与其他国家所不同的、所特有的实际情况，我想这也正是为什么中国坚持走社会主义道路，而吸收借鉴了资本主义社会的一些具体做法的原因。

我们搞教改，我想也应如此，应结合学校实际情况采取适合学校的具体措施，去辩证地吸收、创造地运用别人的优点，切勿在倒脏水的时候，连同小孩一块倒掉，而抱回孩子的时候，再连同脏水一块收回来。可能有些人对我的观点不同意，甚至是持反对意见。我认为即使是我们处在"像苍蝇趴在玻璃上，前途一片光明，可就是找不到前进的路"一样的处境下，也不能在找不准问题症结之前有病乱投医，耗时、耗材、耗力。否则，时间一长，我们光喊"狼来了"，到狼真来的时候麻木到没人相信了。

非常欣赏崔其升校长的一句话："工作就是道德，表现就是人品，业绩就是人格。"下面是李镇西老师在其一篇文章中提到的崔校长的一段原话，说出来与老师们共勉："老师在工作投入上应该达到一种忘我的程度，我们学校的老师现在做到了。我经常对老师们说，单位就是自己的家庭，工作就是自己的生命。老师在本职工作上表现得好不过是本分，现在我更要看他们分外的表现，就是老师的人品、人格。老师随手拾取垃圾袋，比他上一堂好课更让我敬佩。现在，地面上有烟头，多数老师都会捡起来。我们有许多公益的事、应急的事，如果老师们都把这些当成自己的事来做，意义就更大。我看一个人就看这个！我们学校现在如果有老师病了，其他老师都会主动要求帮忙代课，都争着抢着去做，从不提报酬。这和学校安排你代课不一样。这才是高尚。"我想不用我多说一些，我们就该明白自身存在的差距。当然，我们也有很多老师做到了这一点，是一个高尚的人。

我们在追求什么样的思想品德课堂？

2011-12-19

12月10日至14日，我参加了省教研室组织的"山东省思想品德、思想政治优秀课例展示及课程实施先进经验交流会"，会上听取了专家报告、各地市的先进经验交流，并观摩了曾经获得全国优质课评选一等奖、特等奖等几位老师执教的观摩课，受益匪浅。下面我结合自己的学习和所思，做一简单总结。

会上，中国教育学会德育分会副会长冷洪恩教授回顾了实施新课程以来所取得的成果和依然存在的问题。

经过各级领导和一线老师的共同努力，新版的教材编写打破了原有的学科编写模式，教育教学理念得到改进，教育途径广泛拓展，教育形式灵活多样，课堂教学显现出生动活泼、蓬勃发展的局面，教师、学生素质得到双重提高。

但是，在这个过程中，也出现了诸如传统的好的（如启发式）教学方式受到冲击；出现了重实践、轻理论，重形式、轻效果，重活动、轻讲解的现象；教育目标过高，教学内容过多，传统教育和现代教育的关系没有处理好等一系列问题。

多年来，人们一直在讨论一个问题，就是一堂好课的标准是什么？什么样的课才算是一堂好课？不同的人有不同的理解和标准，虽然提法不一样但却有异曲同工之妙。胡云婉教授提出一堂好的思品课需要"有魂、有神、有序、有生、有色、有效"。冷教授提出一堂好课要做到以下几点：准备充分、组织有序、讲解清晰、充分调动学生积极性、师生配合默契等。

华东师大的叶澜教授提出好课的标准要具备五实：扎实——有意义的课；充实——有效率的课；丰实——有生成性的课；平实——常态下的课；真实——有待充实的课（有缺陷的课）。北京市西城区教研室的董晨老师在报告中提到，从老师的角度看，一堂好课要：胸中有纲（课程标准）、脑中有本（教材）、目中有人（学生）、心中有数（时间分配）、手中有法（教学方法）。从学生的角度，要看学生：该听的听了没有、该说的说了没有、该想的想了没有、该做的做了没有。

在提到近几年的高效课堂问题时，董晨老师提到，高效课堂是基于有效课堂，是有效课堂的最高形式。高效课堂一定不是课堂时间的具体分配，一定不是具体的教师教的方式，一定不是学生学习的具体的组织方式，一定不是短期的具体评价标准，一定是有设计的，一定是基于学生发展和教师专业成长的。高效课堂的效果必须要让学生的学习增值，增什么值呢？动力值，即学生学习的愿望；方法值，即学生会学习的方法；数量值，即学生能学到的知识与技能；意义值，即学生学到的东西是有意义的或受用的。

会上，董晨老师提出思想品德课教学是学科生活化还是生活学科化的问题，很有新意，值得思考。她提出我们的学科教学实际上就是一个学科生活化的知识解压过程，而学科学习则是一个生活学科化的知识压缩过程。多年来，有些老师走了两个极端，一个是学生主体地位的忽略，另一个是教师主导地位的淡化。在谈到课堂上该讲不该讲的问题时，董老师指出，知识点本身不一定是讲点，支持观点的知识点才是讲点（所以有时候不是老师讲得多，而是讲得不够好）；观点本身固然是讲点，支持观点的案例素材才应成为讲点；案例素材不一定是讲点，发掘素材的意义才是讲点。非常精辟！

周家亮老师则以"我们应追求什么样的思想品德课堂"为题做了

如下阐述：

增强思想品德课教学目标的针对性。课堂教学目标是什么？是教学的指向，是教学要完成的任务，是教学的归结点，它决定着教学往哪里走，甚至是决定着怎么走。

教学目标的确定要针对课程标准，要针对教材，要针对学生。教学目标决定着教学路子，决定着案例的选择和活动的设计，决定着教科书创造性地使用，决定着教学方法策略的选择和运用，决定着对学生的评价。

"五个充满"是我们思想品德课的追求。（一）充满思想，让思想品德课"深刻"起来，要求有一定理论上的深刻性。要想让课堂充满思想，要让学生自主阅读教材和相关材料，要有充分的课堂讨论，教师要有有意义和价值地对学生表现的评价，要有教师的精讲和点拨。（二）充满观点和规范，让思品课鲜明起来。（三）充满智慧，让思品课聪明起来。教育的过程是学生获取智慧的过程，也是学生展现智慧的过程，二者相互促进，相得益彰。同时，在课堂中教师的智慧也得以展现。让学生在智慧的展现过程中达到学习目标，实施课程的意义和价值。（四）充满尊重与关怀，让思品课"亲近"起来。教师要用自己的真心，换取学生的真心，让学生对思品课有一种家的感觉。多给学生人文关怀，多尊重学生的生活经验和知识经验，多尊重学生的情感体验，多想一想学生关心什么、需要得到什么，自身发展需求什么。（五）充满文化，让思品课"美"起来。充满文化，是指经典的传统文化，更强调要纳入学生喜欢的带有青春气息的文化。

思想品德课要实现"六度"统一，使其充满魅力。思想品德课教学要具有一定的高度，高度决定视野；思想品德课教学要具有一定的深度，深度显示厚重而深刻；思想品德课教学要具有一定的宽度（广度），宽度展示丰实；思想品德课教学要具有一定的温度，温度体现火候；思想品德课教学要具有一定的气度，气度彰显境界；思想品德课教学的高度、深度、宽度、温度和气度的运用要适度，适度体现平衡。

总之，课堂教学是在度之间的权衡。我们学习一节课要从关注形式上的变化转到关注教育理念的变化上来，学习一节课不应只关注到其技术层面的东西，要看到其形式背后的本质，即教育理念。多年来，我们在追求这样一种境界：在和学生的平等对话中，使彼此的心灵日臻完善；我们在寻找这样一种课堂：充满美感和文化气息的课堂；我们在尝试一种改变：从关注形式的变化到关注教育理念的变化。

因为教育，我们一路前行。

且学且行（一）

2012-08-03

为期六天的"互联网+"远程培训研修即将落下帷幕，今天早晨打开电脑登录培训平台，进入工作室首先呈现的是一份问卷，我实事求是地答完问卷也开始思考这几天的收获与感想。

一、看的多了，说的少了

依稀记得去年的远程培训研修，可能是第一次，内心还是比较激动和兴奋的，不停地发帖子，看视频，似乎有说不完的话，又加上一开始自己的作业被推荐，无形当中增添了不少学习的动力。今年的培训研修更多的是去读别人的帖子和文章，反而收获不小。同样的作业题目，不同的人有不同的理解，做出的作业内容却大不相同，在阅读中比较，在比较中体会，很受启发，收获颇多。

二、思的多了，写的少了

一年来，我形成了写博客的习惯，对于平时教育教学过程中出现的问题，就所思所想大都能及时地在自己的博客上记录下来，作一反思或总结，不说坚持天天写，大凡工作日基本能坚持写，所以本次研修自己提交的作业以及相关"我的文章"大多不是研修期间临时写的，都是对以往的博客做了些修改之后发上去的，更多的时间是去思考。思考以前的教学反思是否符合新课程标准，如若符合，符合哪一条，力争找到我应该这样做或不应该那样做的理论基础。

三、读的多了，玩的少了

每天来到办公室，研修期间还是比较紧张的，充分地利用时间，读简报、看评论、阅文章，尤其是指导教师和专家推荐的一些文章，想尽可能多地获取相关信息，找出与他们之间的差距，因不想把作业带回家，自然玩的时间就少了。

六天下来，忙忙碌碌，收获不少。除了以上提到的，我还收获了友谊，虽然都在网上，没有见面，但是许多很长时间未见面未交流的同学、同行却通过发帖子、发评论等形式进行了沟通和交流，仍然有一种一见如故的感觉，非常亲切。同时，对于一些优秀的教学设计、优秀的文章，我还及时地进行了保存，以便日后能仔细品味，加以借鉴，以此来提高自己的教育教学水平。

来不及观看路边的美景，愿在将来以后的日子里，能和诸位同行，继续切磋，且学且行，一起走在这充满鲜花的思想品德课教学的路上。

且学且行（二）

——暑期研修总结

2013-07-10

当真正的远程培训研修还没正式开始的时候，从我校召开的参训人员会议上，我就有一种预感，这次的远程研修不同于往年，将不再是以往的"复制粘帖"，说实在的有点怵头，很有思想压力，唯恐学不好，完不成学习任务，还怎么去给别人当指导老师。

当它真的到来的时候，我切切实实地感觉到了我最初的预感是准确的。像"思维导图"，第一次接触，这种技术性的东西我学起来是比较"木讷"的。第三个模块规定用一天半的时间学习，第一天，我一直在按部就班地看视频，读文本，一天下来，对作业的构思和设想还根本没时间去考虑。等到第二天上午，我开始看作业内容和要求，着手准备，从上午八点开始坐下，一直到中午十二点，一动不动，作业才算初具模型，但自身仍感觉有很多不满意的地方。不过还好，经过进一步的修改和完善，比较顺利地提交了作业。这个时候脑袋大了，身体疲惫了，但看到自己的劳动成果的时候，内心还是高兴的、愉悦的。

经过第三模块的锻炼和洗礼，后面的几个模块似乎找出了点门道，但由于学习内容比较多，任务比较重，并且不断有新鲜的东西出现，还是给我一种应接不暇的感觉。不知是我这个人比较愚笨的缘故，还是年龄大了反应比较迟钝，对于新鲜事物的接受好像有了思想负担，总感觉比别人慢半拍。又加上很多事情又都集中到了这几天，所以模块五的作业我还是没有按时提交，甚至有一种放弃的想法。

从研修简报上陆续看到别人的优秀作品，我感觉到自己学的还不够，不扎实，不深入，真有一种人外有人、天外有天的感觉，我们的思品教师队伍里还真有高人。

学习没有止境，在中级的学习中，我们学到了很多，虽然还有很多欠缺的地方，大家也肯定发现了许多新问题，这些问题将引发我们进行更多探究。当然，重要的不是获得问题的答案，而是培养研究问题的能力，这也是我们在高级培训中需要不断丰富和完善的。

培训已经完成，培训的目的是为了促进应用。因此，我们不仅关注你在培训过程中的表现，更重要的是希望能增加回到工作岗位后实践应用的机会并提高水平。当然，在后续的应用过程中，可能会需要了解更多的知识和技能，如何进行研究性专题的开发，如何进行项目的研究工作，这些都是我们在以后需要进行思考的问题。

培训是短暂的，学习是终身的，让学习与研究伴随我们终身发展。

在实践中学习和研究，让研究应用于实践，将是我下一步工作中努力的方向。

一路研修一路歌

——省骨干教师培训总结

2013-11-25

从开始接到通知那天起,就有种预感,这次培训不会很顺利。周五下午匆匆赶往车站,结果济青高速路上遇车祸造成严重堵车,等到了济南坐上去聊城的车已经很晚了。本来应该两个小时多一点的车程,结果在路上用去了接近七个小时,到宾馆住下已经晚上八点了。这次虽然培训时间不长,但前前后后感悟颇多。

一、周密计划,科学安排

研修的前期准备工作是到位的。报到前的孟班的一遍遍飞信通知和温馨提示,就已经告诉了我们聊大人的严谨和认真。研修指南上连每位老师的宾馆房间号都已经提前规定和印制好了,每天的研修任务和研修流程具体翔实,孟班的热情接待和服务更是从行动上做了很好的验证。

二、磨课磨"人",研修研"心"

磨课的过程是一个艰苦的过程。从开始备课到磨课计划的讨论、制订、上传,从相关资料的收集上传到网上问题研讨,从备课研讨到教案跟进评论,从网上修改教案到第二次教案的上传修改,从课例研究到观课议课，从撰写脚本到视频录制等，没一项工作不是需要付出大量创造性劳动的。正因为如此，每个老师白天黑夜地都在考虑这一件事，所以说磨课的过程也是磨"人"的过程。对于执教老师而言更是如此，需要对各位专家提出的意见和建议进行甄别、吸收，修改教案，制作课件，揣摩语言等，可以说更是一个经历"炼狱"的过程。

一节优秀课例是来之不易的，它不同于我们一般的评课议课，不仅是停留在口头语言的层面上，还要落实到严谨的书面语言上；不仅是停留在实际操作层面上，还要给出实际操作背后的理论支撑。我们自己设计研讨问题，并制定出相应的评价量规表，这是一个从无到有的过程。所以对于我们每一位学员来说都是一次考验和历练，对我们的心智也是一次不同寻常的研修。

在相互交流中受到启发，相互争论中得到提高。小组成员根据各自特长分工不同，承担着各自的任务，唯恐给小组的工作拖了后腿。相信经过这次研修，每位老师都会有很大的提升，等明年全省的远程研修看到我们的劳动果实时，我们将是幸福的，这也是我们研修的最终目的。

三、收获友谊，收获真情

相逢是首歌，相聚是份缘。来自全省十七个地市的一百名"思品人"共聚美丽的江北水城。道不同不相为谋，我们怀着共同的理想和期待来到了秀丽的东昌湖畔。

研修的时间是短暂的，我想这仅仅是个开始，"初中思想品德高研班"这个房间将会是我们永远的家，它将伴随我们在今后的日子里"不断工作，不断研修"。

寒霜迷雾藏征途

——昌乐二中学习总结

2014-09-29

昌乐二中在全省乃至全国产生了强烈的教育风暴效应，几天学习之后，前几年学习杜郎口中学的情景不觉又浮现在眼前。

当时我县也有多处学校可谓是无论从形式还是到内容都学习得轰轰烈烈，几年下来，别人的东西没有学到多少，自己的东西却丢了不少，逐渐偃旗息鼓。反观我县教育现状，不觉陷入了"理想的教育不现实与现实的教育不理想"的矛盾之中，对眼下我们应该怎样学习昌乐二中及我们应该学习昌乐二中什么要保持一种淡定、谨慎或成熟的心态，为此我做了一些思考。下面简单谈一下自己的一些体会和看法，不当之处还请诸位领导和老师批评指正。

先谈我们应怎样学。

不是我学政治的缘故，凡事都讲辩证法，我想事实上也应该是这样，任何事物都有其有利的一面，也有其不好的一面，我们学习先进学校先进经验也是如此。

我们经常讲"中国特色"，什么叫中国特色？中国特色就是中国与其他国家所不同的、所特有的实际情况，我想这也正是为什么中国坚持走社会主义道路，而吸收借鉴了资本主义社会的一些具体做法的原因。

我们搞教改，我想也应如此，结合不同学校实际情况采取与之相适合的具体措施，我们自身有哪些优点，别人有哪些优点，要去辩证地吸收、创造地运用别人的优点，切勿在给小孩洗澡倒脏水的时候，连同小孩一块倒掉，而抱回孩子的时候，再连同脏水一块收回来。

下面谈谈我们应向他们学习什么的问题。

两周来，我主要听了他们初中思品三个年级共四位任课教师的课，并且每位任课教师都听了两节次以上，高中思想政治三个年级各听了一节，其他学科如语文、历史、英语、音乐等也听了不少，并且观摩了他们初中思品集体备课研讨活动。他们学校教师队伍年轻，所以教师的教育机智、灵活驾驭课堂的能力并不是很高，年轻教师对教材的认识和把握上还有欠缺。对他们课堂教学的总体印象我的感觉是"效果不错、效率不高"。不过我们站在学习的角度去听课，仍有值得我们学习和借鉴的地方，如"小组合作学习、学生展示点评"等。

我们应学习的地方：

一、解放思想，转变观念，端正态度

在赵丰平校长《让每一个孩子快乐地走向自我教育》的讲话中有句话让我印象深刻：课改最难改变的是教师的教育价值观。我个人认为我们学习的地方重在教育理念的学习。纵观我们曾经学过的一些名校，从洋思到东庐，从杜郎口到昌乐二中，这几所学校的一个共同点就是把"学"进行了前置。为什么孩子的自主性落不到实处，主要是因为老师的教学模式是先讲后练，实事求是地讲，我们很多学校很多老师也同样存在着这样的现象和事实，对于学生的自学依然比较严重地存在着老师不讲就不放心的想法，我觉得这是我们需要首先转变观念的地方。不过有一点，我们切不可因强调发挥学生主体作用就否认老师的讲，就不让老师讲，从而走向另一个极端。任何课堂，没有了老师智慧的闪现，我认为都是一种缺失。

二、他们对学生的培训与评价机制值得我们借鉴

很欣赏昌乐二中老师们的两句话：培训是最好的教育，评价是最好的管理。为了让课堂活起来，学生动起来，效果好起来，他们采取了很多措施或者说叫教育技巧，尤其是学生培训与评价机制，学习组长在对组员的评价作用和评价方式上，很值得我们借鉴。我们很多学校也有学习小组，也有小组长，但我们小组长的作用是怎样发挥的，发挥了多少，尤其是在评价结果的运用上，如何让学生体会到这一评价结果，我们下的功夫还不够，还有很多文章可做，这是我们在课堂教学中应该思考和落实的地方。不过有一点，他们对老师的考核和评价似乎一直是他们在刻意回避的一个话题，我想这是我们比较关心和不容忽视的一个问题，因为先进的教育理念如何发挥到学生身上并在学生身上得以体现，需要战斗在一线的全体任课教师这一"媒介"去完成，而能否让老师接受这一理念并积极地贯彻执行则是决定我们课改成败的关键所在。

三、我们在敬业精神和对教育的坚持与追求上还不够

学习期间观摩了他们的集体备课。他们的集体备课打破了年级限制，初中思品三个年级共四位任课教师都参加，他们对教学中存在问题的分析研讨及年轻教师向老教师学习请教的那种虔诚很让我感动，我想这是我们很多学校很多备课组做不到的。学生预习不充分，展示不到位，影响教学效果，完不成教学任务，这也是我们老师担心的一个问题。而他们通过多种形式的、高频次的培训，断了部分学生的后路和想法，逐步让学生从接受到养成习惯。这些做法的背后折射出老师们的一种思想、一种态度。对于有些学生、有些现象，我们往往是苦于无策，甚至是无奈，想不出好的方法，把问题归结到了学生身上。他们则在一种信念的驱使下，进一步坚持和追求，找到了这些我们听

起来并不深奥也并不难操作的方法。

四、对课程的整合应是我们努力的方向

昌乐二中几个老师多次提到的"一个学校的课程水平就是一个学校的教育水平"这句话给我留下了深刻的印象。

对课程的整合也是昌乐二中与杜郎口中学的一个重大区别。初中思品三年的课程利用两年时间就学完了，当我来到他们初三教室里听课的时候，上的是高中一年级的内容。一开始还以为是走错了教室，出来看看教室门前的牌子确实写的是"初三"，第二天听高一的课，结果又出现了类似的一幕，老师讲的是高二的内容。经过和相关老师的交流才了解到是因为他们对课程整合以后，对部分内容进行了合并与删减，所以教学进度比较快。联想到我们县的教育现状，类似双语学校这种初高连读的很值得借鉴，当然对于其他学校仍有很强的借鉴意义。

一个学校的课程水平就是一个学校的教育水平，同样，一个教师的课程水平就是一个教师的教学水平。就我们初中思品而言，老师进行课程整合往往只是局限于初三总复习的时候，而且有的老师整合的还不够好。这启示我们也可以提升老师们的课程整合水平，一方面提高复习的效果和质量，另一方面可以把节省出来的时间开展一些与学科相关的实践活动或校本课程，从而提升学生对思品课的学习兴趣和积极性。

对于昌乐二中"预习案""探究案""训练案"的做法，我认为可以根据我们的实际情况将它们进行整合改进为"一案"，寄宿制学校因为上早晚自习，时间相对有保障，值得一试。不过有一点，学校的文印费将会是一笔大费用。学生跑校的县直学校不建议这样搞。同时需要指出的就是，鉴于思品的学科特点，一旦采取这种方式，如果处理不好，往往会陷入学生"课前预习画答案—课上学习背答案"的怪圈，直观性、趣味性、时代性强的图片或视频不能及时充分地引入课堂，导致人们对本来就有成见的思品课堂感到更加枯燥乏味，从而让学生降低甚至是丧失对思品学科的学习兴趣和学习积极性。

刘萍萍老师在作报告时提出课堂的三种境界：知识教学—能力教学—育人教育。我认为课堂教学有这样三种境界：效果—效率—效益。一节课有个好的效果不难，难的是同样的效果能在短时间内取得，那叫效率；而真正激发学生内在的学习动因，落实好课程目标，做到学以致用，对学生影响深远，那叫效益，也是我们思品课堂教学追求的终极目标和努力的方向。

观点肤浅，仅是个人意见，欢迎与各位老师交流、商榷，多提宝贵、指导性意见。谢谢！

且听且学，且思且行

——滨州市"三名"工程培训总结

2014-12-29

又是一年隆冬时，同样是怀着期待的心情，踏上了赴京学习之路，地点仍然是熟悉而又陌生的国家教育行政学院。

短暂的一周，"名师"培训在紧张热烈、愉快和谐的气氛中不知不觉地又画上了休止符。回望一周的培训学习，我们在聆听中感悟，在交流中成长，在2014这年终岁尾之日，又想起了年初的流行语，所以这次学习总结的题目我也想借用一下，"从师虽易，名师不易，且听且学，且思且行"。

一、改革，永远在路上

简短的开班仪式很快就结束了。来自教育部教育发展研究中心主任、国家教育咨询委员会秘书长、国家教育行政学院的兼职教授张力先生给我们作了《基础教育改革发展的宏观形势和政策要点》的报告。报告共分两部分：一是深化教育领域综合改革的基本方向和政策要点；二是提高基础教育现代化水平的关键问题及对策。张教授和我们一起回顾了新中国成立60多年来教育从历经风雨到实现跨越发展的历程，全面辩证地分析了当前中国教育现状，尤其对党的十八大报告做出的对教育的战略部署从五个方面做了详细的解读：（一）把立德树人作为教育的根本任务；（二）深化教育领域综合改革；（三）完善终身教育体系；（四）大力促进教育公平；（五）加强教师队伍建设。张教授提出，现在我国的全民教育水平已跻身全球义务教育免费水平较高的国家。二十一世纪的中国教育应该是更有质量、更加公平、更为有用、更可持续。结合当前当地教育现状，有以下反思：（一）教育现代化主要包括教育思想、教育制度、教育设施、教育内容、教育手段和方法等方面的现代化，需要为教育治理体系和治理能力现代化奠基。我们在哪些方面做得好，哪些方面做得差？哪些是领导职责范围内的，哪些是需要我们一线教师该努力的？（二）均衡发展是义务教育制度的本质要求，在当前大量农村人口城镇化的趋势下，如何促进义务教育均衡发展和破解择校难题，是当前乃至很长一段时间摆在我们面前的一个不容回避的问题。所以，基础教育改革问题像我国当前各领域的改革大形势一样，将永远在路上。

二、做教学教研的追梦人

南京上浦行知小学的杨瑞清校长用他三十多年的教育生涯，给我们讲述了一个《并肩走在行知路上　携手创造精彩人生》的故事。三十余年来，杨校长不离不弃地躬耕于农村小学这片沃土，以对教育的无限热爱，忠诚地践行着陶行知先生的教育思想，以对学生的无限热爱，创造性地开发了一系列课程资源，让学生在他的关怀下全面健康地成长，丰富并不断创新着陶行知先生的教育理论和教育思想，给我这个从教二十余年的教育人无限的反思和启示：（一）杨校长给我留下的最深刻的印象就是他对自己教育理想的"追求与执着"。"三十年行知路，五百亩行知苑，一辈子行知人"，是我在听讲座过程中就形成的对杨校长的人生概括，不知当否？我们的教育理想是什么？追求了吗？追求的道路上执着了吗？（二）教育孩子，主要不是方法问题，而是态度问题，态度一变，方法无限。在当下学校、家长、社会对教师要求越来越高的呼声之中，在被很多人认为教师尤其是班主任越来越成为一高危职业的形势下，在老师们对学生感到束手无策很无奈的心理状态下，这句话对我们尤其具有现实性的指导意义。（三）杨校长说：教师只有好好学习，学生才能天天向上。我说：教师只有天天学习，学生才能好好向上，我们自己也才能好好向上。在今后的工作中，我要躬于实践，勤于读书，善于交友，乐于动笔，树立有滋有味、有情有义的文化追求，在工作中要看到希望，发现意义，创造价值，学会反思，及时总结，致力于课堂教学改革，做一个教学教研的追梦人。

三、我的学生我的课

通过聆听浙江省乐清育英小学余国平校长《我的学校我的团》的专题报告，了解到该校有着充足的优秀的生源，他结合个人成长的经历，就该校的教师团队建设做了较为详尽的介绍。校长是一校之魂，魂要附体，这个体就是学校的教育教学，魂不附体就失去了其应有的价值。校长是一所学校的精神代言人，是教育教学工作的垂范者。一个学校的教师团队建设要有三个"底色"：筑底，从制度走向文化的师德再造；托底，用课程建设助力教师专业化发展；提底，聚焦真实问题的共同体行为。

精彩的报告给我留下如下思考：（一）"取法其上，得乎其中，取法其中，得乎其下"。在工作中，对我们自身应提出怎样的要求？对我们的学生应提出怎样的要求？（二）自尊、定力、勤勉、反思，是态度，更是行为，一颗粗糙的心是办不好教育的。校长要做一个放风筝的人：心中是天空，眼中有目标，手里有分寸，脚下是大地，教师对学生而言，又何尝不是如此呢？（三）我们要努力做一个智慧、幸福的教师，以自己的特色发展去赢得尊严，文化的本质在于"化人"。（四）"孩子，你为什么不说话？"学生越到高年级越不愿举手回答问题，我想这是很多老师在上课中经常遇到一个普遍现象，是我们的学生出了问题？还是我们的课堂出了问题？责任归究于学生？还是归究于我们教师自身？这是值得我们每一位一线教师深思和探究的一个问题。（五）团队赛课（说课+上课+评课）是一个不错的教研思路，值得尝试。

四、追寻"深刻"的课堂教学

"即使《人民教育》改成了《重建深度学习的课堂教学》，我倒仍愿用其原有的题目《追寻'深刻'的课堂教学》"，北京外国语大学附属中学林卫民校长的这个报告我感觉对我们"名师"班这些"学生"更接地气、更有针对性一些，虽然林校长的语言表达让我们听起来是有点费劲。

当前的学科教学，一方面超越学科本身过度地拓展内容，另一方面对于学科本身的魅力和关键知识的"深度学习"把握不足，从而造成课堂教学表面热闹而实际效果堪忧。课堂教学具有复杂性的本质特征，这源于学科的复杂性、学生的复杂性和教师的复杂性。面对当前学科教学不够"深刻"的现实问题，我们应作出怎样的思考和行为：（一）课堂教学评价标准是引导老师们的课堂教学走向何方的指引，听课过程中评课环节也将很大程度地影响着老师们的课堂教学方向。（二）雅斯贝尔斯说：一切认识都在于经验和思考的结合。教学应做两件事，一是扩充学生的经验，二是提供思考的意境。教学就是为了"让学习发生"，增加课堂的思维含量和生成应是我们课堂教学下一步努力的方向。

五、老师，你到底爱我有多深？

培训过程中，有幸聆听了来中国留学的德国洪堡大学的青年学者Theo Schieraum作的关于《德国教学原则与课程设计》的讲座，年仅25岁的他，德语是他的母语，不仅懂法语、英语、西班牙语等几种外国语言，一口流利的中国话更是让在座的学员折服，自始至终用汉语给我们作报告并流利地解答现场提出的很多问题，让我在报告结束后不仅在问：这难道是德国教育的产物？

Theo Schieraum 在给我们介绍了德国教育制度概况之后，以柏林地理课为例分别向我们介绍并解读了小学和初中教学大纲，就教学原则和教学质量标准做了说明，让我们了解到他们的教学目标必须由人格衍生而来，以行动技能为导向，关注学习者的个性，以问题为导向的任务，把错误作为学习的步骤等教育原则。

一切以学生为中心，体现了以学生为本的教育教学理念，带给我们很大启示。虽然两国的国情不同、教育制度不同，但在培养人的目标、要求上应该是一致的。反思我们的课堂教学，是否做到了"以学生为中心"，学生在我们心目中到底占据了怎样的位置。学生若这样问我们：老师，你到底爱我有多深？我们该如何回答。为此，我们的课堂教学要做到：（一）让学生得到"实惠"。即学生课前与课后不一样，教育对象要得到发展。（二）让学生能够思维。教学必然让学习发生在学生身上，学生思维得到发展，才会逐步地成长成熟起来。（三）让学生积极参与。充分发挥学生的主体作用，积极参与教学活动，有了情感体验，学生的能力才会有所提高。（四）给学生犯错的机会。学生是在不断的犯错、纠错过程中得到发展进步的，如果不让学生犯错，我们教师可能就失去了其存在的必要性和价值。当然，我们需要做的还不仅限于此，但只要我们心中时刻装着学生、时刻为了学生发展而去备课、去设计我们的教学行为的时候，学生若再问："老师，你到底爱我有多深"，我们就会大方地告诉学生："你问我到底爱你有多深，月亮代表我的心。"

六、我的地平线

来自江苏省教科所原所长成尚荣老师的报告题目是《第一动力

第一品质　第一专业——名师成长的关键因素》，报告之前，我就在想：这第一动力、第一品质、第一专业到底是什么呢？成老师的报告是脱稿完成的，钦佩他流畅的表达、渊博的积累和富有诗意的语言。

成老师用王国维先生的人生三境界给我们解读了一个人要想成功的三个要素。"昨夜西风凋碧树，独山高楼，望尽天涯路"，告诉我们心中要有梦想，就像是地平线不在天边，应该在我们心中；"衣带渐宽终不悔，为伊消得人憔悴"，旨在让我们要有为了梦想不断刻苦、努力、勤奋、进取的精神。"梦里寻他千百度，蓦然回首，那人却在，灯火阑珊处"，是指在我们走向成功的道路上要有勇于探索、发现、创造的精神。紧接着他用季羡林的观点，告诉我们人的发展除了以上三个因素外，至少还应补充两个因素，天赋与机会。天赋就是要我们学会分析自我、认识自我，进一步发挥自我优势；机会就是当机会来临的关键时刻要抓住机会。

在我们成长的道路上，我们自身具备了哪些成功的因素，抓住了哪些机会，离成功还有多远？一个教师要想发展，首先要做一个有追求、充满激情的人，这就是你发展的第一动力。真正的追求在于自我突破。超越别人很难，超越自己更难。反思，就是让我们从感性走向理性，就是让我们有根有据的说话办事。反思能让你从一个实践者变成一个实践家。

我们对课程改革要反思，对我们的课堂教学也要反思，要通过反思回到教学的基本问题上去，由基本问题去分析教学的基本关系，从而在探索教学基本规律性的基础上，找出并遵循教学基本规律，让"学生学会学习"成为我们课堂教学的核心。教学就是有教的学，让学生学会学习、主动学习、创造学习、享受学习，不再让我们的学校是"教"校，而是成为名副其实的"学"校。因此，反思应是我们教师成为名师的第一品质。

学科专业是我们的饭碗，是我们发展的根基，而教师的专业发展必须有大视野，形成大格局，进而拥有大智慧，这需要我们基于自己的学科专业，进而超越自己的学科专业，而要做到这一点，我们必须进行儿童研究。所以，儿童研究应成为我们的第一专业。

回顾我二十余年的教师生涯，我不禁要问：我的教育人生追求是什么？我具备反思这一品质吗？我真正去进行儿童研究了吗？当机会来临时，我抓住机会了吗？我的自身发展优势又是什么？面对这一系列的问题，在我接下来的教育人生中，唯一能做的就是不断地坚定我的教育理想，进一步分析自我，发挥自我优势，不断反思，砥砺前行，才能当机会来临时，紧紧抓住机会，朝着"名师"的目标步步前行，一步步朝着自己的教育地平线迈进。

七、我拿什么奉献给你，我的学生

北京教育学院李晶教授《关于教师 PCK 的讨论》的报告，让我对当前我们的课程结构、课堂教学的改革历程和背后隐藏的实质性东西有了全新的认识和了解，给人眼前为之一亮和顿悟的感觉。

反思我们当前的教育教学改革，有这样几个问题值得探讨：（一）我们的课堂教学传授给学生的是散点式知识结构？还是智慧型知识结构？我们的价值取向应该重点放在学科？社会？还是学生？（二）我们在设计课堂教学时，把主要精力放在了哪里？是教学内容分析（学科中最核心的内容及其教育价值，这些内容之间的联系）？学生分析（学生在学习这些内容时可能出现的问题）？还是教学策略分析（帮助学生学会的教学策略）？如果我们进行自测，自己在每个项目上能得多少分？（三）当前我市有很多学校在实行导学案式的课堂教学，学案能提高课堂效率，但学生形成的往往是"讲树叶"型散点式知识结构，提取起来是困难的，解决问题的能力较差。如何才能让学生形成"讲树林"型堆栈式知识结构（重视双基与提取），提高解决已知领域、已知问题的能力，并在此基础上形成智慧型知识结构，提高创新与设计能力？导学案用还是不用？如果用，如何用？是摆在我们面前的一个重大课题。面对当前这一形势和上述问题，我们每一位老师都要思考：我该拿什么奉献给你，我的学生？

八、让爱为我导航

培训期间，安排了一个上午分组座谈交流，我被分在了初中组。我认为这一环节还是很有必要的，相互认识的目的是便于以后更好的交流。通过自我介绍环节，给我留下的一个总体印象就是每一位老师在自己单位、本县区乃至全市都是教学业务骨干，堪称学科或行业的带头人，都"不简单"，都是我学习的榜样，无形之中也给我增加了很大的压力。通过交流发言，有的老师思想深刻，有的老师表达流畅，出口成章，也给我留下了很深的印象。作为一名教研员，深感责任重大，在今后的工作中要通过各种形式，及时把先进的教育思想和教育理念贯彻落实到全县每一位思想品德教师身上，引领邹平县初中思想品德课教学不断走上新的台阶。

又一轮的"三名"培训已经结束，在北京，我们度过了中国的冬至，西方的圣诞，我们怀揣着沉甸甸的梦想和收获，回到自己的工作岗位上，迎接即将到来的崭新的2015年。我想这仅仅是一个新的开始，抑或一个临时驿站，在今后的工作中，我将本着"且听且学，且思且行"的心态，心中装着学生，让爱为我导航，打造高效思品课堂，培养健康优质人才，用教育创造祖国美好未来，也不断创造属于自己的教育人生！

他山之石

根据市里的安排，今年又来到京城，参加跟岗培训。这次蹲点学习的学校是中央美院附中，现节选两篇学习日志：

借他山之石　臻攻玉之境——学习日志（一）

2016-11-16

在为期一周的学习过程中，没想到正好赶上并有幸参加了北京市东城区的思想品德学科教学研讨会，虽然我们使用的教材版本不同，甚至是我们两地的考试制度不同，但通过参会学习却为我们以后的教学教研工作开阔了思路。

会上三位老师分别就教材三个单元的教学工作发表了自己的看法，他们的发言基本都是从课标依据、学情分析、教材分析、教学目标、重点难点、理论学习、教学建议等方面进行了阐述和讲解，但每位老师根据自身的教学实际和对教材的理解分别就不同的方面谈了自己的看法，可谓面面俱到又各有所侧重，对教学中可能会遇到的问题进行了预设，对参会老师的备课及教学既提供了实践层面的准备，又提供了理论层面的指导，会后他们将自己的教学素材和教学建议共享，供老师们进一步学习研究和借鉴利用。最后，他们的区教研员宫老师分别从"思考、学情和开放"三个方面就以后的教学工作和教师自身素质的提高谈了自己的看法，感觉受益匪浅。

实际上，这是一次全区性的集体备课，所以对老师们的教学更具指导性。同时，了解到他们这样的教研活动在学期初就已经进行了规划，大致每个月一次，要求所有的思品老师都要参会，每次教研活动的具体时间和地点在学期初就已经下发至各学校，就像学校的校历一样，到时候如期举行，不再另发通知，其他学科也是如此。感觉这有点类似于我们学期初下发至各学校的教学进度和教学建议一样，只不过是他们不是规划到每个月，而是具体到了哪一天，甚至是几月几日的上午或下午。个人认为这样的活动更加接地气一些，更加贴近老师的教学实际，更具有实操性、针对性和有效性，值得学习和借鉴。不知以后我们能否尝试着去做一些这样的工作，期待着能"借他山之石，臻攻玉之境"！

绘声绘色　有情有意——学习日志（二）

2016-11-18

党的十八大报告指出，"把立德树人作为教育的根本任务，培养德智体美全面发展的社会主义建设者和接班人"。"立德树人"首次确立为教育的根本任务，更是思想品德学科的主要任务，不仅要传授知识、培养能力，还要把社会主义核心价值体系融入国民教育体系，引导学生树立正确的世界观、人生观、价值观、荣辱观。

几天下来，结合所听的几节课，对当前我们的课堂做一些反思，当前形势下，初中思想品德课应该朝着什么样的方向发展？我暂且用这样两个词来做一形容，那就是"绘声绘色"和"有情有意"。

著名特级教师吴正宪说，要让学生在"好吃"中学习有"营养"的教学。思想品德课亦是如此，"好吃"就是把"有营养"的教学烹调得适合学生口味，让他们喜欢、爱上。莫怪学生不愿意学，是教师还不曾给他们提供"好吃、有营养"的课堂。真正"有营养"的课应是在温故知新的层面上，让学生掌握思想方法，形成知识网络，提高运用能力。"好味道"体现在教学形式的变化上，教师应根据教学内容与学生情况灵活变化教学形式，丰富教学内容，炒出色香味俱全的"佳肴"来。

思想品德课是以初中学生生活为基础、以引导和促进初中学生思想品德发展为根本目的的综合性课程，承担着"立德树人"的重要责任。思想品德课作为人文学科，人文教育目标的达成，不仅需要通过广博文化知识的滋养，高雅文化氛围的陶冶，优秀文化传统的熏染，更需要深刻的人生实践体验，构建有情有意的思品课堂，更好地达成教学目标。构建"有情有意"的思品课堂不仅教师要有激情还要有感情，课堂不仅有意义更要有意思。教师要给学生充分的时间，先思后谈，让学生充分展露自己的思维变化、改善、进步的轨迹，教师再给予点拨、提出具有导向性的希望或要求，使学生情感真正内化，升华为素养。

学习如此"美丽"

——北京跟岗培训总结

2018-05-18

写在前面的话：2018年5月14日至18日，教育局师训办组织我县第一批滨州市"名教师"在北京五十四中跟岗培训一周，共听课十七节，参加座谈交流及教研会议四次，道德与法治学科集体备课一次，与相关任课教师单独交流数次。总体感觉，整个学习过程都是美丽的、快乐的、幸福的！

Day1：美丽的邂逅

人生最美是遇见，一个人，一座城，美丽的首都北京，我来与你再次邂逅。

我觊觎你的千载神秘，每次都是怀着激动和幸福的心情，开启我的学习之旅，渴望"归来不再是空空的行囊"，期待回到工作岗位上能够继续我的"豪情万丈"。

学习第一天的道路是曲折的。虽然多次来北京，对北京仍然是陌生的。早饭过后，匆匆商议，我们一行八人，转乘地铁后在导航的指引下，我们来到了北京五十四中，结果我们应该是去分校，却来到了本校。没有峰回却要路转，又来到了分校。

没有升旗的升旗仪式

寸土寸金的地方，校园不是很大。周一课间操是他们升旗的时间，算是社会实践活动，本校的学生都去参加天安门的升旗仪式，本校的学生不再返校，我想这是皇城根下的孩子与全国其他地区孩子相比最大的优势。只听到了国歌声，学生在教室内肃穆站立，完成升旗仪式，而后是国旗下演讲。整个校园就一座楼，没有操场，甚至容不下一根旗杆的位置，只有采取这种方式升旗了，我想这也是天子脚下学生与其他地区学生相比之下的最大劣势。

如此班额

从教室门前走过，看到学生单人单桌，内心误以为是学生考试，来到教室后才知道他们的课桌就是这样摆放的，全班只有十四个学生，其他班也是如此，不到一百个学生，分成了六个班。我们只有羡慕，没有嫉妒恨。

民主与和谐

听了四节课，领略了什么叫自由平等，什么叫民主和谐。教师通过漫谈式的教学形式，充分发挥学生的主体作用，在民主交流的过程中，达成了教学目标，增强了教学效果。学生勇于暴露自己的错误，体现出自己正确的价值观和积极要求上进的心态和决心。当然，这离不开平时教师的正确引导和积极向上浓厚教学氛围的营造。正所谓，"教风正，学风浓"，也是我们每一个教育人所追求的境界。

Day2：美丽的意外

经过第一天的经历，我们对路程熟悉了很多。仍然是六点起床，六点半出发，只不过今天我们没有去乘坐地铁，而是每人一辆"小蓝"——共享单车，俨然像个北京人似的骑车去上班，内心一阵窃喜。

每学年他们学校都组织年轻教师评优课、骨干教师示范课、常态展示课等活动，本周正值他们学校举行常态展示课听课活动，顺手给了我们本周的听课安排表，结果一看，没有一节政治（道德与法治）课，让我倍感失望。通过与负责和我接洽的老师沟通，他们临时进行了调整，上午第二节听了一节历史，紧接着第三、四、五节听了三节道德与法治课，总算让我开始失望的心情找到了平衡与满足。午饭期间，小郭老师告诉我，下午她要去北京一七一中学（属于北京市重点中学）听她师傅的课（因为年轻，东城区组织的"师带徒"结对活动），我于是顺便搭了顺风车去听了一节课。

五节课下来，反思我们的课堂和教学，有两点印象比较深刻。一是教师对出错、有问题的学生不急不躁、循循善诱的态度，体现出他们强大的耐心与爱心，教师对学生的批评和教育如春风化雨，润物无声，面无怒色，还让学生认识到自己的错误，我想这或许就是教育的艺术所在。二是教师对教学问题的设计富有深度，学生之间观点的碰撞与辩论，教师的点评富有针对性，充分体现出我们学科"立足于初中学生的生活实际，指导学生生活"的教学原则，这才是真正充满思维、富有深度的课堂。

在别人的课上，我邂逅了自己的灵感汹涌。我跟着想、跟着笑、跟着体味，坐一整天，竟一点也不觉得累，下午的一场小雨，让北京的空气和我的内心顿时清凉了许多。这不仅仅是课堂，这是情感的启迪、心灵的升华、生活的昭示。

为了不耽误晚饭，我和他们放学的学生一起急匆匆地走出校门，又"扫"了一辆"小蓝"，快速地向宾馆出发。在路上，我突然感觉下午的"小蓝"比上午的"小蓝"轻松了很多。

Day3：美丽的教研

每次学习都是带着一些问题或疑问而来，希望能够求得正解。今天有幸参加了北京五十四中道德与法治学科的教研组研讨活动。

他们的教研组研讨是按学校统一规定的时间进行的，每月至少一次，中间若有临时性任务可以随时进行。因为初、高三都在分校，每个年级只有一位任课教师，所以参加今天的教研活动只有四个人，即使如此，他们仍然按部就班地进行。先是教研组长通报初、高三期中考试成绩在全区的排名情况，分析与其他各学科相比较存在的问题，然后是每人分析自己所教年级在教学及考试中存在的问题，包括试题的难易程度、试题中存在的问题等，就连试题中存在的错别字、排版等因为校版的疏漏没有发现都做出自我检讨，同时就今后如何避免出现类似问题进行了交流研讨。同时我发现他们每个人的发言都是做了精心准备的，这也验证了一句话：态度决定一切。会上他们还就学科承担的课题研究情况及任务分工进行了研讨与安排。参会人数虽然不多，会议却进行了将近一个半小时，这才是真正的教研。参加艺体教研组教研会议的老师更是感觉到"震撼"，因为有学校领导的参加，从下午三点半一直持续到接近七点，以至于耽误了晚饭，但他们仍感觉到收获满满，享受了一顿精神大餐，浑然没有感觉到饿。在和他们教学校长交流的过程中，他的一句话让在场的老师深受启发：教研活动流于形式的主要责任在于学校领导没有把教研主题确定好，既要有学校的规定动作，也要有各教研组的自选动作。

"有一种喜欢叫热爱，有一种精彩叫享受。"当你发现你的热爱可以变得如此精彩，这种精彩传递出来的会是自强不息的持久动力和强大能量。因缘际遇，这个年岁，我似乎又找回了当初的自己，一种"而今迈步从头越"的踌躇满志，一种"老夫聊发少年狂"的豪情满怀。走得远，从来不是靠脚步，靠的是来时的初心和坚定的梦想。你说，是吗？

Day4：美丽的课改

课改，改什么？课堂？还是课程？对于老师们而言，更多意义上应该是课堂。对于领导而言，可能更多的是政策层面上的课程改革。

在上午和五十四中教学校长近两个小时的交流中，吕校长一上来就说北京的初中课程改革走得有些猛了，主要表现就是弱化了理科教学。每科都要有实践课程，在中考中占各个学科总分的 10 分，学生必须走出去，让课程走出课堂，走出校园，走进社会，定期打开窗门通通风，拓宽视野，提高能力，完善素养，他们的中考试题更能体现这一点，考查学生能力和思维的题目占主导，我想这应是我们将来发展的方向。

教书与育人，管理与教学并不是非此即彼的关系，不可偏废。作为一名人民教师，立德与树人、管理与教学都是其重大职责所在，不能以任何理由出现缺位现象。

Day5：美丽的素养

一周的培训学习已经结束，我在思考一个问题，随着教育改革的深入发展，我国的教育由素质教育进入核心素养时代，而核心素养如何在学校真正落地，是摆在所有教育人面前的一个普遍问题。在几天的听课、观察和交流中，这一问题的答案也由模糊变得越来越清晰。

在根本价值取向上，"核心素养"这一提法与我国 20 世纪 80 年代以来倡导的"素质教育"有着内在的一致性，是对素质教育在新时期的深化。20 世纪 80 年代末提出的素质教育旨在改变当时过分强调"智育唯一、分数至上"的"应试教育"弊病，促进育人模式的转型。2016 年 9 月，教育部明确提出"核心素养"框架及要求，研制基于核心素养的学业质量标准，试图进一步明确基础教育的质量观念，阐明人才培养要求，从而实现育人模式的根本转型。之所以采用"素养"概念，而没有沿用"素质"的提法，是因为"素质"通常指的是个体先天禀赋和后天环境（教育）交互作用在个体身上所体现出来的结果。而"素养"更多地指向后天习得的，通过教育可以培养的，可以更加凸显教育的价值。核心素养是"三维目标"的整合，这种整合是发生在具体的、特定的任务情境中的，核心素养是个体在与情境的持续互动中，不断解决问题、创生意义的过程中形成的。北京的基础教育正朝着这一方向努力前行。

核心素养具体到不同学科，表现为不同的学科核心素养。几天下来，我不仅听了道德与法治课，还听了历史、语文和数学等学科，这里面有初中的，也有高中的；有新授课，也有复习课和讲评课。从老师们的授课模式到课堂教学，从老师们的教育思想到当地教育领导的办学理念，从教学情境的设置到教学问题的提出，从学校课程的设置到评价方式的变革，无不体现出学生个体在情境中通过活动，创生知识，形成思维观念和探究技能，发展素养。教育或教学的功能就在于选择或创设合理的情境，通过适当的活动以促进学习的发生。所以，核心素养这一概念蕴含了学习方式和教学模式的变革。它要求教师能够创设与现实生活紧密关联的、真实性的问题情境，让学生通过基于问题或项目的活动方式，开展体验式的、合作的、探究的或建构式的学习。通过今天上午和北京五十四中教学处高主任的进一步深入交流和下午参观他们学校的活动性课程，更加印证了他们在充分利用校内外资源、积极组织多种形式的校内实践课程并挖掘拓展校外实践性课程，都是为了提升学生核心素养这一目的。毕业班高老师说，"通过比较外省市的中考试题发现，很多地方仍然是偏重于对学生知识的考查，而北京的中考试题则是侧重于对学生视野和能力的考查"，这一点让我自惭形秽。我们老师们平时只是沉醉于对学生中考试题的训练，很少有人能意识到这一点，看问题能有如此的高度和深度。

要想提升学生的核心素养，教师首先要提升自己的核心素养。我们学科是德育学科，德育工作的核心是解决学生的思想认识问题，要求德育教师必须坚守崇高的思想境界，更应充实自我，坚持正确方向。只有这样，我们才能培养出健康发展、幸福生活、成功应对未来挑战的人。

行走在思想的云端，品味着诗意的收获

——杭州跟岗学习总结

2018-11-16

2018年11月11日，邹平市校长教师培训讲师团一行50余人，乘着南下的高铁，来到美丽的天堂城市——杭州，进行为期一周的跟岗培训，学习先进办学经验，探寻教育真谛。

我们初中组的对接单位是浙江师范大学附属杭州笕桥实验中学。浙江师范大学附属杭州笕桥实验中学位于杭州城东新城核心区块，毗邻杭州东站，是一所江干区属公办初中，学校现有30个教学班，在编教职工人数104人，在校学生1097人。

学校致力于文化立校，坚持"为每一位学生可持续发展服务"的办学理念，践行"博之以文，约之以礼"的校训，培养"求真、养正、尚美"的博约学子，积极推进学校课程改革，倡导合作学习背景下的幸福教育，培育博约文化，教学质量突飞猛进。

学校致力于教育科研，是教育部重点课题研究学校和杭州市重大规划课题研究基地学校；目前，学校有1项教育部重点课题，5项浙江省规划课题，27项区级以上课题，学校与浙江师范大学联合成立了We课堂研究中心、名师工作室、青年教师成长初阳学院，为每个教研组聘请一名理论指导教师和一名实践指导教师；青年教师初阳学院依托浙江师范大学专家资源，为每一位青年教师定制专业成长规划。

学校致力于课堂变革，积极探索现代视野下课堂形态的变革与创新，探索"互联网+"背景下的课堂教学新样态，其中，源于笕桥实验中学经过中国教科院陈如平教授提炼并发起的全国新样态学校联盟，仅仅一年就在全国引起巨大反响，成为一个千校联盟，2018年4月，学校与全国新样态联盟联合发布了全国基础教育课堂革命钱塘宣言，笕桥实验中学的We课堂也在全国产生巨大影响。

五天来，抱着好奇与探究的心态，可以说是时时有惊喜，天天有收获。

一、行走在思想的云端

行走在杭州的大街上，体会到了江南的烟雨蒙蒙，今天是来杭州跟岗培训的第一天，参观了浙江师范大学附属杭州笕桥实验中学的精致校园，与我们的跟岗指导老师进行了对接和座谈，旁听了学校的行政例会，而触及灵魂深处的是下午听取的学校校长所作的《让教育更有温度地落地》的报告，先进的教育思想和办学理念务实而耐人寻味，如同行走在思想的云端，启迪我们的教育行为。简要记述之：

作为教育管理者，管人先要管心，没有温度的学校，任何改革都很难落地。学校要树立一种理念：教师第一。

除此之外，"学校只搞活动，文化是不能内生的。""管理的最高境界就是不管理""教育不是把篮子装满，而是把灯点亮""管理干部要多养花，少种刺""提供富有'博约'特色的平民教育，把学校建成'有温度、有故事、有美感、有品质'的新样态学校"等思想，值得我们深思和品味。

二、品味着诗意的收获

跟岗培训的第二天，我们走进笕桥实验中学的课堂，第一感觉就是让我想到了杜郎口中学。但仔细审视之，又不完全一样。

教育部长陈宝生曾说过：基于教育要进行一场课堂革命，课堂是教育的主战场，教育改革只有进入课堂层面，才真正进入深水区。课堂不变，教育就不变，学生就不变，课堂是教育发展的核心地带。这不得不让我们深思：课改进行了这么多年，发展到今天，我们课改的痛点在哪里？路径是什么？未来怎么样？

回顾我们的课改，大致经历了这样几个阶段：以知识立意的效能课堂——以能力立意的素质课堂——以素养立意的现代课堂，将来应是以需求立意的未来课堂。近年来经济领域都在讲供给侧结构性改革，我想我们的课堂改革应从研究需求侧入手，研究学生对学习的需求，研究国家对人才的需求，在此基础上再进行我们教育的供给侧结构性改革，否则可能是舍本逐末。面对不同的学生，我们是先见森林后见树木，还是应先见树木后见森林，是我们必须面对的课题。学生是课堂的创生者，是经验的分享者，也是课堂的管理者，我们要让学生成为真正的学习者，首先要把教室变成学室，把课堂变成学堂；其次要让学习在不同的场景下发生，让学习时空实现双向平移，把学习内容多维植入，实现学习方式的多种叠加，达到深度学习。

有人或许说，未来的课堂与我们现在所追求的教学成绩是否相矛盾？很赞同笕桥实验中学高校长的一句话：优秀教师一定是玩题的高手。作为一名优秀教师不仅要研究课标，研究课堂，更要研究试题。研究明白了试题，也就明确了考试的考点，那么在课堂教学中就会明确教学的方向，就会减少教学的盲目性，少做无用功，增强教学的针对性和实效性，实现事半功倍、四两拨千斤的效果。

教育有温度，就像品一杯香茗，入口清淡却回味悠长。为了让每一位学生得到可持续地发展，让教育更有温度地落地，我在细细品味着这诗意般的收获，也希望能对我的同行们有些许的启发。

三、生活因学习而精彩

周三听了两节新授课和一节讲评课。感叹于老师的备课细致到位，学生的表现精彩纷呈，这才是充满思维含量的深度课堂。

教师的教。第一节语文课，学的是朱自清的《背影》，执教教师非常年轻。在导学案的引导下，学生发言积极踊跃，教师总结提升到位。年轻的教师对文本的解读提升却非常深刻。第三节听了一节期中考试后的社会（历史与社会和道德与法治的统称）讲评课，让我再一次认识并体会到了"备好课是上好课的前提"这句话的深刻内涵。老师对所有学生每一个小题的失（得）分情况进行了统计，课件展示的是每种情况的学生名单，老师在课堂上的任务就是和学生一起分析失分的原因，极大地提高了教学的针对性和实效性，可谓是教无止境，备无止境。

学生的学。乍一看，课堂的外形酷似杜郎口中学的课堂，但他们没有大量的机械性重复训练，而学生的展示与发言无不体现出课堂的生成与思维的深度。学生的积极发言背后隐藏的是学生对知识的充分理解和深刻思考，真正实现了他们"注重高阶思维品质的培养"这一课堂理念，而这才是我们追求的充满思维含量的深度教学。

笕桥实验中学于2015年提出了"We课堂"（Wherever We can E—leaen）。主要包含以下基层意思：1. We。我们的课堂（学为中心）我们也是课程的创生者，我们也是经验的分享者，我们也是课堂的管理者。2. E：互联网，E—learn。主要包含混合式学习和精准化导助两层意思。3. Wherever。主要指实虚融合的学习环境和基于意义的全球学习资源。这是笕桥人"实施差异教学 推进课堂变革"的结果。

在某种意义上，思想是一种选择，也是一种态度，是指引人生的航标。《学会生存——世界教育的今天与明天》指出："未来的学校必须把教育对象变成自己教育的主体。受教育的人必须成为教育他自己的人,别人的教育必须成为这个人自己的教育。"作为一个教育人,我们只有将夙兴夜寐、恪尽职守的责任镌刻于心,正视一切艰难险阻,豪情满怀地"中流击水",不怨天尤人,不随波逐流,而应随波逐浪,在"现实性"中追寻"实现性"路径,让闪光的汗水激扬我们的青春!

四、探寻现象背后的真相

几天来,通过观察、听课、交流,我们看到了笕桥实验中学一系列繁华的教育景象,但这一系列景象背后的真相或真正的内在动因是什么,也引起了我的思考。带着这些疑问,我再做进一步的深入了解,试图搞清事件背后的真相。

现象一:笕桥实验中学的教师队伍非常年轻,有不少是刚入职的教师。但在课堂上,他们对教材文本的理解和解读,对教材的挖掘与处理,却俨然像个老教师,他们的水平何以这么高?

揭秘:带着这一疑问,我们观摩了他们的集体备课。每周一、周二的下午是他们各年级各学科集中集体备课的时间。我们提前到达了他们的集体备课室(其实就像我们的微机室)。几个年级的语文、数学、英语教师陆续到达,像学生的学习小组一样围坐在一起,一机双屏,对照教案和课件,主备人逐一说课,说教学环节,说教学重点,说处理方式,交流教学中可能会遇到的问题,应该注意什么,都毫无保留地提出来,各抒己见,共同交流,共同探讨。看到这一幕,我找到了答案,怪不得他们虽然年轻,教龄虽短,却对教材的挖掘处理这么深刻到位,原来这一现象背后隐藏的是大家共同的劳动成果,是集体智慧的结晶。

现象二:就是上文揭秘中提到的这一现象,老师们集体备课知无不言、言无不尽,真正体现出了合作共赢的思想。在敬佩老师们无私合作精神的同时,我又产生了第二个疑问:难道同年级备课组内的老

师们只有合作，没有竞争吗？

揭秘：考核制度是一个学校老师们工作的方向，也是调动老师们工作积极性的强有力杠杆。通过和相关领导交流得知，他们同年级备课组内的老师们确实只是合作的伙伴，不是竞争的对手，或者说竞争的成分很小。因为学校只考核各年级的备课组，教学成绩和奖金的发放只到备课组，几乎不对具体的教师个体进行考核，在这一制度的指引下，老师们之间自然也就不存在竞争的关系，真正做到了一荣俱荣、一损俱损，大大增强了老师们的集体荣誉感和责任感。我想这也是老师们能做到合作共赢的真正内在动因。

五、处处名园花不同

美好的时光总是走得太快，不知不觉为期一周的跟岗培训接近尾声。来到杭州的几天里，总是阴雨霏霏，几乎没见到晴天，盘点一周的收获，褪去繁华，留在内心深处的却是满满的干货，给我们以拨云见日的指引。

学习的最后一天是我们一直期待的，因为恰逢笕桥实验中学承办全国差异教学联盟中学理事会成立大会暨校长论坛。上午是开幕式、听课，下午是典型案例介绍及专家点评。他们的课是完全开放的，上午四节课同时展开，与会人员可以到任何一个班级随时进去听。结束后，中国教育科学研究院研究员、国内差异教学创始人华国栋教授结合四节课对差异教学进行了解读。促进每个学生有效学习是科学教学模式的共同点，差异教学能促进学生的自主学习与合作学习，而真正的自主学习必然千姿百态、需求不一。华教授将笕桥实验中学的"We课堂"解释为我们在互联网下的学习活动，其中的"We"既包括老师，更包括学生，"We课堂"的教学流程主要包括独学—助学—群学—研学四个环节，具有选择性、趣味性、生成性和智慧性的特征，还特别强调课堂教学设计要从学生差异出发以及挑战性、合作性等要求。下午听取了来自江苏扬州及福建等省市实验学校的典型案例介绍及相关专家的点评。一天下来，收获很多，集中到一点就是：课堂教学改革是教育改革的主阵地，课堂教学改革永远在路上。

多年来，我们曾经学习或模仿过很多学校的课改经验，从洋思中学，到杜郎口中学，再到昌乐二中等，可走到今天，我们学到了什么？留下了什么？面对教育的明天，我们应该怎么学？学什么？每种教学模式都有其优缺点，都有其理论依据，如何实事求是、学以致用是我们值得思考的问题，切不可像费尔巴哈一样"给小孩洗完澡后连小孩和脏水一起倒掉"。

各种各样先进的教学模式似乎都是"冰雪林中著此身，不同桃李混芳尘"，但是我们要认识到"花深红，花浅红，桃杏浅深花不同"。我们的课改并非"只缘羞与凡花伍，移植名园不肯花"，而是因为"菊花三百六十种，处处名园花不同"。教育即是唤醒，需要静心等待；教室即是学室，让学习真正发生。笕桥实验中学人让教育温暖地落地，让邹平教育者创造教育更加辉煌的明天！

最忆是杭州！

后记：归来的列车上，老师们诗兴大发，都在以诗言志，抒发一周来的收获，本人才疏学浅，也做打油诗一首，以附诸位，止增笑耳：

杭州行

邹平讲师杭州行，西子湖畔笕实情；

差异教学智慧课，启迪思想心里明。

来去匆匆笑语盈，日志美篇诗词兴；

归我梁邹桑梓地，创造教育美前程。

沉舟侧畔千帆过，病树前头万木春

——《新时代学校思想政治理论课改革创新实施方案》学习心得

2021-03-01

《新时代学校思想政治理论课改革创新实施方案》可谓是继2019年习近平总书记"3·18"座谈会后对我们思想政治理论课教学工作具有强烈指导意义的纲领性文件。

我在多个场合曾经谈道，"香港"事件暴露出来的问题背后的原因更重要的是香港内部的教育出了问题。整个事件的主体大多是香港地区回归后成长起来的年轻人，如果他们从小受到了良好的思想政治教育，具有强烈的政治认同感，热爱祖国，拥护中国共产党的领导，我想这样的事件肯定不会发生。由此联想到"疆独""藏独"问题也是同理。《新时代学校思想政治理论课改革创新实施方案》（以下简称《实施方案》）的颁布实施具有强烈的政治必要性和现实性。

认真研读了该《实施方案》，有两点印象比较深刻，同时也对这两点产生了深深的担忧和不安。

一是在"课程目标体系"里面提到的"初中阶段重在打牢学生的思想基础"。由此想到了近期颁布实施的《深化新时代教育评价改革总体方案》，两个文件可谓相互补充，相得益彰。如果不从"评价"这一根源上做文章，到学校基层落实起来都是无源之水、无本之木。有的老师可能会说,"重在打牢学生的思想基础"并不是不让学生掌握知识或不要纸笔测试,我想说的是如果仍沿用传统的评价方式和试题形式,我们的学科教学将继续在原有的"发提纲—做提纲—背提纲""画条条—背条条—考条条"的教学模式上止步不前。

二是在"课程内容"里面提到的初中课程"以学生的体验为基础"。多年来考试"被标准"的答案,往往导致"被框架"的思维。换言之,对"标准答案"的崇拜,必然导致"被标准化"的思维,而我们的追求应该是:给学生一个会思维的框架,帮他们走出被框架的思维,这才是素养的要义。根源似乎仍在"评价"上,我们经常讲,考试就像指挥棒,你指到哪里,老师就教到哪里,学生就学到哪里。教学工作的现状事实也就是这样,所以监测工具或者说试题的作用不可小觑。我注意到近几年我市在学考试题分析中有这样的表述:"整个试题旨在向广大师生传递一个信息——'教师平时教什么,学生平时学什么,考试就考什么',努力实现以'考'促'学'的高效课堂发展目标,以促使学科教学方式和学习方式的实质性变化。"我认为这种观念或表述方式是不科学的,以此推理,根本体现不出考试的引导功能和导向作用。我倒觉得应该这样表述:"**通过试题传递出这样一个信息——考试怎么考、考什么,引导老师怎么教、教什么,学生怎么学、学什么,从而实现以'考'促教、以'考'导学的教学发展目标,以促使学科教学方式和学习方式的实质性变化。**"如果考试制度不改革,评价方式不创新,无论是教师的教,还是学生的学,一切教学活动都将基于枯燥干瘪的知识,仍将因"体验无用"而导致"无法体验、不去体验、没有体验",那样"以学生的体验为基础"也就只能是雾里看花、水中望月。

赵翼《论诗》中提道:"满眼生机转化钧,天工人巧日争新。"思政课的改革创新离不开我们每一位思政人的努力,但愿一切担忧都是多余的,我们也坚信"沉舟侧畔千帆过,病树前头万木春"。

让学习真实发生

2021-09-30

读了陈静静老师《学习共同体》一书的第二辑"让学习真实发生"后,有这么几个收获:

一、明确了学习共同体与"小组合作学习"的本质区别

当前复杂的课堂生态中,无论是中国本土化的"兵教兵",还是美式的"合作学习",都是基于人们对传统"讲授法"一统天下的不同表现。本土化"兵教兵"模式小组内有着分层、互教、滚动的复杂关系,组间竞争激烈、积分排序,教师不参与内容讨论,负责积分统计汇总。这种方式是在教育比较滞后、师资匮乏的情况下的一种特殊的教育形式,这种方式在一定程度上调动了学生学习的积极性和主动性,但是因为缺乏对学生学习的专业性引导,多数学生都是重复性的操练,学习的品质并不高。班级学生本质上是不平等的,学生之间相互竞争的本质没有发生根本性变化,平等对话也就无从谈起,学生的发展存在透明天花板,绝大多数学生是无法逾越的。这样的方法在特殊的历史时期有着重要的意义,但是走到一定阶段必然遇到瓶颈,没有教师的专业发展,没有相互倾听的关系,没有高品质挑战性的学习内容,学生的学习力是很难有大幅度提升的。

二、学习欲是学习真实发生的前提

我们常说"授人以鱼"不如"授人以渔",要想深度学习发生,我说"授人以渔"不如"授人以欲"。也就是我们经常说的"兴趣是最好的老师"。学生只有内心有了学习的欲望,才会积极主动地思考,学习才会真实发生。如果老师们在课堂上仍停留在知识的记忆和传授上,把目标盯在考试怎样做题上,我想深度学习也不会真实发生。反观我们现在的道德与法治常态课堂,有多少老师像上优质课那样有直观精美的课件,让学生观看视频图片、分析案例?那样时间久了,学生日复一日地停留在"画条条"与"背条条"的循环中,老师根本不给他们主动思考的机会,被动地接受老师塞给他们的一个个原理题,真正的深度学习是不会发生的。我在教学过程中争取每节课都呈现给学生一些视频图片或时政案例,加深学生对所学知识的理解,同时让学生不再感觉到我们的课堂枯燥乏味,这一点从学生上课的眼神上能看得出来。让学生喜欢我们这门课,至少不讨厌,我觉得这是当前我们不少教师应该追求的目标或境界。

| 第三辑 |

且思且行

学困生的成因及对策分析

2008-04-14

学困生不完全等同于我们平时所讲的差生。在教育实践中，体质过差的是少数，品德表现过差的也是少数。但德育与智育是不分离的，智育是德育的基础，德育的确定和发展离不开文化程度这个基础；智育也是德育的延伸，道德对中学生来讲，总是要在求知方面表现出来。所以，学困生中的多数是某种原因所导致的学业方面表现出某种差距。也就是说，在学校、家庭的大多数人眼里，文化课学习落后、在学习进步上有很大困难的学生就是学困生。

原因分析

导致学困生产生的原因很多，根据多年来的教学观察和教学实践，现从以下几个方面作一分析：

一、家庭、社会方面

有的家庭本身结构不完整，孩子得不到应有的父爱或母爱；有的家庭成员中，本身有不良习气，对孩子产生不良影响；有的家庭中父母只顾赚钱，对孩子的教育不管不问，缺乏监督，使孩子放松了对自己的要求；有的父母本身文化素质低，对孩子的教育缺乏应有的指导和帮助。以上种种因素，都有可能使孩子放松对自己的要求，从而对学习失去信心，导致学困生的出现。同时，社会环境的不良影响，如"读书无用"论，一些品位、格调低下的艺术作品的侵蚀，与社会上一些不三不四的人交往等，也都是导致学困生产生的原因之一。

二、学校教学管理方面

对于学校教育而言，管理几乎是它的中枢神经，而管理的精髓，对于基础教育来说，集中到一点就在于面向全体学生，当然包括学困生。而上级教育行政部门对学校的考核、学校对老师的考核方案中，考核的指标主要是看优秀率和平均分。也就是说，一个学校、一个老师的工作考核成绩，甚至是老师的奖金，都要在学生的考试分数上得到体现。而因为学困生的成绩不在抽考比例范围之内，自然在平时的教学过程中，学困生成了一个被遗忘的角落。很少有学校制定对学困生的进步做出贡献的老师进行奖励这方面的制度。这样，学校的教育功能被扭曲，不是在教学，而是在"教优"；不是面向全体学生，而是在培养升学考试中能为学校争光彩的学生。

三、教师教学过程方面

教学过程是教育教学的操作载体，也就是说人才培养能不能实现全面发展，达到理想的彼岸，关键要看教学过程的每一个环节能不能有效地辐射到每一个培养对象身上去。（1）在备课方面，有些老师缺乏对教学对象的研究，特别是缺乏对学困生的认真研究。事实上，备课首先是对学生的认识和了解。学生大体分几种类型，学习水平的差距有多大，心理状态如何，用什么样的备课方案可以相对地使学习好的学生得到满足，也能使学困生听懂。而一些老师不顾学生的实际情况，一味对准大纲，表面上看不错，实际上是不科学的，结果是学困生在还没有上课的时候，就已经受到老师备课上的排斥。（2）课堂教学是教育教学过程的中心环节，学困生被排斥的现象，在课堂教学中显得更为明显。（3）课后辅导是课堂教学的延伸和补充，在一些老师那里，是宁给优生吃富强粉，也不给差生吃窝窝头。

四、当前的分数竞争机制也是导致学困生产生的重要原因之一

竞争本身就是淘汰，就是一种无情的选拔，尤其是在人才培养方面形成了一种唯分数论、唯考试论，使一些学习成绩差、升学无望的学生心灰意懒，不思进取，"破罐子破摔"，使他们在还未步入人生征途的时候，就已经饱尝到竞争的冷漠和无情。

对策分析

学困生是班级中的特殊群体，但他们并不是天生如此。"人之初，如玉璞；性与情，俱可塑。"在教学中，要转化学困生需从以下几方面入手：

（一）学校与家庭相结合，提高家教水平，是促进学困生成功转化的一个重要条件。

学校定期召开家长会、举办家长学校、实行家校联系册制度等，增进学校与家庭的了解，提高家教水平，加强对学生全方位的监督和指导，是促进学困生成功转化的重要条件。

（二）教育行政部门对学校、学校对老师的科学考核制度是成功转化学困生的前提。

只有改变原有的不合理、不科学的考核制度，才能营造出良好的氛围，让班主任和任课老师放开手脚，拿出部分精力在学困生的转化上做工作。如不再按一定的抽考比例来计算平均分，对转化学困生做出较大贡献的老师在考核中予以照顾或奖励等。

（三）对学困生进行良好的心理健康教育，是成功转化学困生的关键。

一般来说，学困生在学习的心理品质方面都有以下几个方面的障碍：第一，在学习动机上，缺乏强烈的自塑意识，缺乏自觉性和积极性；第二，在学习意志上，表现为意志薄弱，没有自信心，碰到困难易退缩，对作业中的难题不求甚解，甚至是抄袭或不做；第三，在学习情感上，由于平时受到某些老师、同学的歧视、冷落，批评指责多于表扬和帮助，消极情感多于积极情感；第四，在认知方面，掌握运用知识的方法上存在缺陷，不善于对知识进行加工、运用，从而长期处于一种困惑状态；第五，在学习行为方面，要么逃避、自弃，要么与老师对抗、抵触，偏激过度，在同学中有一定的影响力，甚至影响教学秩序，等等。

针对以上这些表现，老师需从以下几个方面培养学困生良好的心理品质，促使他们从其内因上进行有效的转化：

（一）实施分层教学，增强教学的针对性，让学困生认识到他们在教师的心目中还有一席之地，并非是一个被遗忘的角落，并非可有可无。

（二）加强情感投资，这是融化坚冰的春风细雨。尊重学生的人格，不冷嘲热讽；主动接近他们，理解、关心他们，建立良好的师生关系；在学习上、行为习惯的养成上进行热心指导；甚至在班干部的任用上，大胆起用学困生，用其所长等。"教育爱"是人类深层次的爱，是一种理解，一种鞭策。学困生沐浴着这种爱，一定会增强自尊、自强、自信的心理，树立起克服困难、改正缺点的勇气和信心。

（三）进行目标激励，是学困生成功转化的催化剂。"进取之心，人皆有之"。老师帮助他们把个人的近期目标和远期目标同班集体的目标结合起来，从本班、本级部中寻找榜样，让他们跳一跳，够得着。从而在一个个目标的实现中，让他们体会到成功的喜悦，并进一步产生一种自我期望的心理状态，从自我激励中产生奋发向上的内在动力，久而久之，经多次重复，就形成了积极学习、努力进取的持久动力。

伟大的教育家陶行知说过:"在你的教鞭下有瓦特,你的冷眼里有爱迪生,你的讥笑里有爱因斯坦。"每个学生都是一个宝藏,铁的作用是金子不能取代的。只要我们坚信"人人有才,人无全才,扬长避短,人人成才","教师的心灵中只有学生,教师的词典里写着两个字'情感',教师的金牌是成才的学生,教师的荣誉是祖国新生的一代"。那么,学困生在学习上将不再困难。

工作感悟集锦:

1. 我们工作要求实、务实,还要踏实。从自己的过失中吸取教训是聪明,从别人的过失中吸取教训是智慧。牵牛要牵牛鼻子,抓住问题的关键,一个一个逐项突破,才会事半功倍。

2. 当前影响我们教学成绩的主要因素有三:一是生源的质量问题;二是课堂教学效率的高低;三是学生课余时间能否充分有效的利用。在我们无法左右生源的情况下,我们能做的也是必须要做的就是在第二、三因素上下功夫。

3. 我们虽然是老教师,但面对的是新学生、新家长,所以我们要研究新问题,采取新方法。只有这样,才能实现工作新突破。班级管理工作必须实行集约式管理,各项工作力求具体、细致,而不能实行粗放式管理,否则,长时间差不多的结果就是差得多。

4. 团结产生向心力、凝聚力,和谐产生战斗力、执行力。我们在一起工作一定要团结、和谐,那样将会战无不胜、攻无不克。

5. 教育的特点之一是反复性,任何教育都不可能立竿见影、一蹴而就,这种反复,是对一个班主任最大的考验,过了这一关,才能迎来事业的辉煌。应对教育中出现的反复,唯一的办法是永不言弃。

6. 一项工作能不能干好,在很大程度上取决于你内心想不想把它干好。遇到问题就退缩,这不是能力问题,是思想和态度问题。其实每个人的工作能力都是差不多的,工作好坏的关键是态度和责任心。

7. 党给了我荣誉,我要以一颗忠诚的心为党工作,为人民服务。在今后的教育教学工作中,深入贯彻落实"三个代表"重要思想和科学发展观。我认为,作为一名教师,作为一名党员,我们应该是代表着广大师生的根本利益,代表着广大家长和社会发展的要求,代表着素质教育的发展方向。遵循教育教学发展规律,让学生身心健康发展,综合素质得到全面提高,就是科学发展。

8. 要实现工作创新,离不开两种力量:一是"活力",二是"合力"。我将本着"思想政治工作是一切工作的生命线"的原则,加强党员的思想政治教育和党性教育,增强他们的大局意识,充分发挥党组织的战斗堡垒作用和本支部共产党员的模范带头作用,永葆党的先进性。

9. 学会理解,因为只有理解别人,才会被别人理解。学会忍耐,因为事已成现实自己无法改变。学会宽容,因为人生在世谁能无过呢,人无完人。学会沉默,因为沉默是金。学会观察,因为大千世界无奇不有,只有眼观其变,才能明辨是非。学会思过,这样才能找到自己不足之处。学会尝试,因为只有这样才能懂得人生的苦与乐。学会改变,因为你不能改变别人,只有改变自己。学会快乐,因为只有开心度过每一天,活得才精彩。

10. 有时,如果我们能放弃一些我们的固执、狭隘,甚至是自己的一些优势的话,我们可能会得到更多。相互交流可以减少误解,增进理解,一句话的事,内心都阳光一点,可以构建一个和谐社会。当然更能构建一个和谐级部与和谐学校。

我们应该营造一个什么样的"场"?

2010-10-07

课堂是学生身心、智慧、情感成长的和谐的"场"。老师的责任就是营造好这个"场",让每一个孩子在这个"场"里活得像个人样,无拘无束,全力以赴,彰显人性的伟大,彰显生命的尊严,感受学习的魅力。

知识的掌握和能力的形成是学习的结果,而知识掌握和能力形成的过程才是学习的本身。现在有的老师把学习的结果当作学习的过程,学习因此变得苦不堪言。所以,我们在课堂上制定学习目标、过程目标、情感目标,让学生在实现目标的过程中引领他们较好地合作、质疑、塑造人格,培养情感,真正把学生的生命和问题融为一体,让学生体验成长、体验生命、体验进步,这才是课堂正确的呈现方式。

如果我们就问题而问题、就知识而知识,我们的眼里就不会有学生了,偏离了学生成长这条主线的课堂就是假的课堂,就是浅层次的课堂。要让学生自己获得知识,学会对比、联系、区分、实践,形成自己的知识树和能力树,让学生学会合作,学会思维,学会体验成功的快乐、失败的痛苦。

新学期开学后,教务处、科研处连同学科室组织进行的高效课堂创建活动如火如荼地举行,听课、评课按部就班。听了教研员郑老师一番算不上评课意见的意见,以前丢失的自我似乎又找回了点影子。每个学科有每个学科的不同,每个老师有每个老师的特点,为什么要求千篇一律的课堂模式。我们倡导不要把学生打磨的没有了棱角，干吗要把老师打磨成像一个模子刻出来的一样，非要用一个教学模式？一个模式的老师、一个模式的课堂，我想可能培养出来的学生也一个模式。文化倡导百花齐放、百家争鸣，我们的教学也应该如此，那样培养出来的学生才会是充满活力和迥异的。

　　我们学了洋思又学杜郎口，学来学去，别人没学成，原来的自我也没有了。我们有良好的教师素质，该讲的要讲，否则就是资源浪费；一些问题没必要讨论的就不要讨论，否则只是浪费时间，哗众取宠。

家长会不是班主任一个人的事

2010-11-14

周五晚我们召开了新学期开学以来的第二次家长会,本次家长会我们提前规划,将工作安排和注意事项提前在网上共享,供全体班主任和任课教师阅读和参考,班主任老师们结合本班实际制作好课件,充分利用电子白板,直观形象地将家长会内容展现给各位家长,提高了家长会的直观性和实效性。有的班让学生参与进去,有的班让家长介绍教育孩子的方法,创新了家长会的形式。同时,这次家长会我们要求各班的第一、二班主任及给该班上课的语文、数学、英语老师全部参加,老师们就开学以来学生对各自学科的学习情况、存在的问题及家长应该采取的措施和注意事项进行了通报和交流,更加增强了家长会的针对性,一改以往家长会只由班主任一个人主讲的形式,家长会不再是班主任一个人的事。有的班结束的时候已经晚上九点多,今后的家长会我们全体老师争取都参与进去,其中一个前提是我们要尽快熟悉学生。这样可以提高家长会的实效,尤其是老师和家长的交流阶段,不至于出现一个家长和班主任老师交流,其余家长在等待的局面。

通过家长会,可以看出很多家长都很重视孩子的教育问题,今天早晨一打开微机,飞信显示一个学生上线,提示我其空间里有新文章,题目是《给儿子的一封信》,是一位家长开了家长会以后,回去于周六下午写的,写得非常真挚。通过这封信我至少获取了这样一些信息:

一是家长非常重视孩子的教育；二是在这之前不了解孩子的在校表现，至少没意识到孩子的学习会糟糕到这种程度，而她了解到这些是通过孩子的试卷和作业了解到的；三是体现了家长渴望与老师配合的要求。

随着老师们对学生的逐步熟悉，今后的家长会我们将让全体任课教师都参与进去，真正形成全员育人的局面，切实提高教育教学效果。

开放办学　共同施教

2010-11-15

我们每学期组织一次课堂教学开放周活动，活动之前印发"关于举办'教学开放周'致学生家长的一封信"：

关心孩子的成长，了解孩子的课堂表现是每位家长应尽的义务，听取家长的意见和建议是我们提高办学质量，改善教育教学工作的有效途径。为此，我级部定于11月15日至19日举行"家长看学校"——课堂教学开放周活动。在这期间，老师的每一节课都向家长开放，欢迎家长在百忙之中抽出一定时间来学校参观我们的课堂，了解自己孩子在课堂的表现，增强下一步对孩子进行管理的针对性，同时也请家长就老师们的课堂教学和学校管理工作提出自己的意见和建议。具体程序为：来校后，到教室找班主任老师领取"课堂教学开放周"活动记录表，至少听完一节课后，将记录表填写完整交给班主任老师，我们将会对家长们的意见进行汇总整理，进一步改善我们的工作。相信通过这次活动，能达到这样几个目的：一、让家长真正了解孩子在校及其课堂表现；二、进一步拉近任课老师尤其是班主任与学生家长的距离，增进了解；三、切实听取家长的意见和建议，提高我们教育教学工作的有效性和针对性。

课堂教学开放周期间，不少家长来到学校，走进教室看课（之所以叫看课，是因为家长进课堂的目的不只是看老师讲的好坏，对教材的处理，更重要的是了解孩子的课堂表现，对自己孩子的课堂听课及学习情况有个客观的认识）。根据家长留下的活动记录表，本次活动总体情况是好的，但离我最初心目中的要求还有一定距离，反思这次活动，导致这个结果可能存在以下因素：首先，学生家长重视程度不够；其次，我们现在学生的家长大多是附近工厂的工人，上班时间紧，很难休班或请假；最后，有的班情况较好，有的班情况不理想，与各班的发动和工作方法有一定的关系，六班就是一个例子。

下面就活动情况做一总结：

让更多的家长参与到学生的教育中来
——"课堂教学开放周"活动总结

初一（六）班

根据级部要求，我班于11月15日至19日开展了"课堂教学开放周"活动。活动过程中，共有32位家长走进课堂参加听评课活动，他们与任课老师、班主任进行了充分交流，听评课58节（以上交的记录表为准，还有没交表的不统计），从班级管理、课堂教学、孩子课堂表现各个方面提出了许多建设性意见，活动收到了很好的效果。

活动之前，我们进行了充分的发动：一是家长会进行动员，向每一位家长阐明本次活动的目的、意义；二是班会上向学生进行动员，让每一名学生动员家长参与活动；三是将此次活动参与情况列入"优秀家长"评选的条件。

在活动开始后，每天进行反馈调度。如活动第二天，我发现参与活动的都是平时表现比较好的学生家长，立即通报了家长参与活动的情况，提出"平时表现不好的学生的家长更应该积极参与活动"的要求，第三天家长参与面就明显增大了。

家长在参加这项活动中提出了一些很好意见和建议，归纳如下：

1.个别学生的学习存在应付现象；2.课桌上堆书太多，写字的地方较小，导致写字姿式不对；3.个别学生坐姿不对，可能会导致驼背或视力差；4.个别学生回答错了会受到其他学生嘲笑，导致其不敢回答问题；5.课堂上，老师要提问不同层次的学生，从座位上看不要光提问前排的学生；6.老师要多想办法激发学生学习的兴趣；7.老师对课堂上不遵守纪律的学生要再严厉些；8.教师在课堂上要加大提问的量，让更多的学生参与学习；9.希望老师在提问时能叫学生的名字。

在本次活动中有一个比较突出的特点是，有不少家长通过听评课活动，更多地发现自己孩子在学习中存在的一些问题，对老师以前反馈的学生在校表现情况重新进行了反思，并采取了相应的措施。如贾某某同学的家长听评课7节，尤其是读了班内写随笔最好的同学的随笔后，回去与孩子进行思想交流，贾某某同学这几天在课堂表现有了很大变化，写随笔态度明显进步。郭某某同学的家长听评课4节，对孩子身上存在的问题进行了细致的观察，并对其作业完成情况进行了督促，郭某某同学变化也很大。孙某某同学的家长不但按时督促孩子做作业，而且父母与孩子同读，对孩子来说也形成了一种激励和带动。

这次活动中，绝大多数家长比较一致的意见是，学校以后多开展这样的课堂教学开放活动。但也有不足之处，有的同学家长没有参加，一周的时间，不可能连一节课的时间也拿不出来，说到底还是一个认识到位不到位的问题。有的学生在随笔中写了自己盼家长参加活动而家长没有来，心中很不愉快。

活动结束后当天晚上，我对这些情况作了简单总结，提到了这些问题。在下一次开放活动中，我们将早发动，严密组织，争取让更多的家长参与到学生的教育中来。

很多家长对老师们的认真、敬业和负责任的精神给予了充分的肯定：

1. 老师准备充分，教学方式灵活，引导学生积极回答问题，在讨论中自由发表自己的见解，每个学生都有展示的机会，在轻松愉悦的氛围中学习，效果好，效率高。

2. 教师精心准备课件，熟练运用多媒体，讲课清楚明白，便于学生理解；课件形象生动，学生积极性高，兴趣浓厚，推理过程清楚、明白。教师善于启发孩子思维，引导孩子自主探究，老师与学生的对话、交流较好，学生表现积极。

3. 八班听课的家长多数听的是数学和英语，对数学和英语的课堂教学给予了高度的评价，评价崔老师课堂教学气氛活跃，学生参与人数多，效果好，可以说全部学生对数学很感兴趣。评价张老师有耐心又要求严格，课下指导不厌其烦。

4. 好多学生家长在留言中写道：老师对学生尽心尽力，很有责任心，把孩子交到这样的老师手里，作为家长很高兴。老师要求严格，工作扎实有效。

通过这次活动，除了我们对自己的教育教学工作有了更进一步的了解，家长们留下了很多中肯的意见和建议外，还有一些收获：

1. 不少家长在留言中写道：对课堂教学很满意，以后将根据孩子的实际，采取一些具体措施，多与孩子交流学习方法，培养孩子的自信，培养孩子大胆主动在课堂上发言的习惯，主动问问题，多与老师同学交流。正确处理课堂学习与课后巩固的关系，充分利用业余时间，加强练习。很多问题也是我们在教育教学中的困惑，通过家长的帮助，这样家校教育形成了合力，利于班级工作的开展。

2. 有的家长通过听课了解到自己的孩子上课回答问题不积极，遇到问题不喜欢发问。表示今后要多让学生预习。在平时培养孩子的习惯，严格要求孩子，加强对孩子作业的检查。

3. 家长多关注自己孩子课上的精力和积极性问题，课下也和老师根据孩子情况进行了交流和沟通。

4. 牛老师在总结中写道：在家长听课的这几天，孩子们的变化很大，谁的家长来听课，谁就表现得特别积极、主动，可见，每一个孩子都想把最好的一面展现在自己的爸爸、妈妈面前，但孩子毕竟是孩子，有时会管不住自己，这就需要我们经常给学生创造机会，让每一个孩子都能展现他最积极的一面。

因为爱，所以爱

2012-01-05

自从担任级部主任以来，每学期我都要组织"学生最喜爱的老师"评选活动。活动不在多，而在于每项活动都要真正起到应有的效果。

学期初我们级部就把此项活动列为级部重点工作，制定评选标准。评选"学生最喜爱的老师"，标准自然由学生制定，我们广泛发动学生，号召人人参与，将收集上来的学生心目中的好老师进行汇总整理，提炼出最终的评选标准。

学期初，我们通过教师例会、班会与全体师生一起进行学习宣传发动，经过半个多学期的争创，各班推选出了本班学生的"我最喜爱的老师"。在此基础上，级部根据各班上报每位老师的得票情况，确定候选人。活动课时间，我们在学术报告厅组织最后一轮的投票选举。"选民"主要由各班选出十名学生代表组成，在听取候选老师的竞选演说之后，学生郑重地填写选票。

我们每学期评选出三位"学生最喜爱的老师"，模仿"感动中国"人物颁奖典礼，我结合每位获奖老师的任教学科和特点给他们撰写颁奖词，在全体师生大会上大张旗鼓地进行表彰。此项活动的开展有助于规范教师的教育行为，大大和谐了师生关系。

第一届：

"俯首甘为孺子牛"是她的真实写照。十几年如一日，默默耕耘，无私奉献，用全部心血去滋润孩子们的心田。今日在学生身上母亲般

的倾心付出，必将换回学生他日无尽的感恩和回报！——班主任、数学老师牛方云

"平平淡淡才是真"是他的一贯追求，"淡泊名利，宁静致远"是他做人的原则。执着追求诗意的教育人生，与学生同读同写，唤醒学生学习的激情，引领学生享受语文。先进的教育理念，务实的工作作风，必将影响学生的一生。——班主任、语文老师郭平

虽和学生素昧平生，但却能很快走进学生的心灵。她幽默风趣，平易近人，有着虚怀若谷、海纳百川般的胸怀和微笑向暖、安之若素的人生追求。学生在她的课堂上，会感受到如沐春风的暖意。——数学老师崔素芹

第二届：

博览群书，治学严谨，力争把每一堂课上得尽善尽美，这是他在教学中的不懈追求；引导优秀生追求卓越，激励后进生自我完善，绝不放弃任何一个学生，体现了他的责任感；新颖的想法、缜密的思维、创新的教法，让语文课气氛活跃而不失严谨，他用爱心、诚心和耐心，赢得了"学生最喜爱的老师"的赞誉。——语文老师郭平

勤勤恳恳，忠于职守，严肃中透露着幽默，是对他的真实写照。他的课堂散发着幽默的智慧，在活跃的气氛中开阔了思路，在愉快的心情中汲取了知识，独特的教学风格，感染吸引着每一位学生，让学生心悦诚服。"看到他的满脸笑容，就像看到化学课本时喜由心生"，学生如是说。——化学老师刘知泉

诙谐有趣的上课风格，充分调动起了同学们的积极性；一丝不苟的教学作风，加强了课堂知识点的落实；严谨踏实的治学态度，让同学们听化学课成为一种享受；对于落后同学从不放弃，让同学们真心为之感动。他把课堂精准度与活跃度和谐统一起来，是当之无愧的"学生最喜爱的老师"。——化学老师贾成亮

第三届：

张晓红："严爱有度，要做就做最好"，是她的工作信条。"不求回报，只求对得起自己的良心和班里的孩子们"，是她为人师的宗旨。视学生如子女，给学生一份爱，必将同样以爱的形式得到学生的回报。学生李金玉的话可能代表了所有学生的心声："我爱死我们老班了！"因为有爱，便拥有了一颗自强之心，她会向善向上、淡定自如。

王凤洁："默默无闻，不善张扬，耐心施教，润物无声。"是她工作的真实写照。因以对孩子般的母爱去滋润学生的心田，所以她得到了学生的认可，学生对她的喜爱就是她最大的收获和欣慰。因为有爱，便有了一颗平常之心，她会润泽心灵、宠辱不惊。

霍秀英："雷厉风行，说到做到"是她一贯的工作作风。凭借一股永不服输的倔劲，使她的班级工作一直走在了级部的前列，同时也赢得了学生喜爱。播种爱心，收获真情。因为有爱，便有了一颗上进之心，她会孜孜以求、至真至美。

第四届：

工作活力如日中骄阳，生活热情似旭日朝霞，以自己缜密的数学思维，培养未来的国家栋梁。十几年的教学经历，让她有着丰富的教学经验和深受学生喜爱的教学方式。坚信每一位学生都蕴藏着巨大的潜能，只是需要在一定的环境中激发出来。所以，以爱心关爱每一个学生，发现学生身上的闪光点，及时给予表扬和鼓励，使他们的潜能得以激发，并获得自信的力量，是她一直的追求。在课堂教学中面向全体学生，不仅爱优秀生，也爱后进生。她信奉的格言是："尺有所短，寸有所长，我们的教育就是让所有的孩子更加优秀。"因为爱学生，所以深受学生的喜爱。——五、六班数学老师焦国霞

辛勤劳作的汗水洒满整个教室，传授给学生的却是一种"胸怀祖国、放眼世界"的情怀，勤勤恳恳躬耕于三尺讲台，完成的却是"指点祖国大好河山"的事业。十几年的磨砺，练就了扎实的教学基本功，

积累了丰富的教学经验，工作一丝不苟，精益求精。班级管理工作任劳任怨，认真地观察每一位学生的变化，耐心地做每一位学生的思想工作，不仅是学生的老师，更是学生的知心朋友，真正和学生建立起了新型的、民主平等的师生关系，多次被评为优秀班主任和先进工作者。付出的是爱的源泉，收获的必将是爱满人间。——三班班主任、地理教师鹿翠萍

不受世俗的影响，一心追求自己钟爱的教育事业；不为名利纷扰，只为让自己深爱的学生健康成长。几十年如一日，潜心教育，刻苦钻研；严谨的治学态度，踏实的工作作风，丰富的教学经历，使他淬炼成钢，铸就了他的大师风范：中学高级教师、特级教师、全国优秀教师、山东省首届齐鲁名师……无数的荣誉和光环照耀着他在教育教学的道路上永不止步，因为"仰孔子之圣，羡魏书生之博，读圣贤书，研教育之理。高山仰止，景行行止，虽不能至，心向往之。"是他永远的追求。"能做他的学生，是一生的幸福"，学生如是说。——学校科研处主任、物理教师刘刚

总结反思　团结创新

2012-02-16

今天我们召开全体教师会议，会上，我结合上学期工作谈了本学期的工作计划和设想，并在会议上和老师们交流了工作中的一些想法和体会。

和老师们交流的第一点就是要增强责任意识，干好本职工作。每个人在工作中都扮演着不同的角色。比如说我在我们级部扮演着好几个角色，如任课教师、备课组长、班主任、级部领导。半年来，有的老师发过牢骚，有的老师提过意见；有的老师认真负责，有的老师消极应付；有的老师积极主动，有的老师拖拉被动；等等。对于以上这些，有些是正常的，因为工作就是在解决问题中得到发展的，生活本来就是充满矛盾的，尤其是领导和被领导之间；有些是不应该的。我们每个人心中都有一杆秤，都有自己的衡量标准，更有我们最起码的职业操守。该原谅的我原谅，该宽容的我宽容，该理解的我理解；但对于个别为了自身利益，置学生和他人利益于不顾，出现一些原则性错误，甚至是违反级部、学校的规章制度的，要学会对自己的行为所造成的后果承担责任。我们每个人都应增强责任意识，尽力扮演好自己的角色，完成好自己职责范围内的事情，这是我们干好工作的基础。

和老师们交流的第二点就是要学会反思自己。比如，在学期末考核中，其中一项是师德评议、学科教育，甚至是评选先进工作者的投票。事实上，客观地讲，这种评议本身就有一定的主观色彩，甚至可以说平时的人际关系都会影响到这项成绩的高低。相信大多数老师都会根据自己平时的观察和自己内心的标准给其他老师一个客观公正的打分，给你打了高分，可能他看到了你的好；给你打了低分，可能平时你呈现在他面前的是你不好的那一面。那你为什么不把你的好呈现在他人面前呢？别人对你不了解，或了解得不够，很重要的一个原因可能是你们平时接触比较少。反思一下自己，就是要求你扩大人际交往，和同事们搞好关系，这本身就是在督促我们每个人要建立一种和谐的人际关系。在一种和谐、愉快的氛围中工作，相信正是我们每位老师所追求的。总之，我们要学会反思自己，从自身去寻找改变这种状况的方法，一句话说得好：不为失败找理由，只为成功找方法，千万不要怨天尤人。

和老师们交流的第三点就是要团结、要创新。备课组内部要团结，办公室内要团结，级部内要团结，只有团结才会创新、才会产生力量。尺有所短、寸有所长，每个人可能能力有大小、水平有高低，但只有我们相互团结，吸取别人的长处和优点，互相帮助，才会产生合力。希望在今后老师们能继续发扬这种团结协作、不断创新的精神，备课组内部、备课组之间、班级之间、两个班主任之间、全体老师之间，都需要团结协作、不断创新、互相借鉴、共同提高。

此外，老师们要注重平时教学过程的投入和付出，以及常规工作的落实，每一个教案、教学环节的设计、作业的布置、和学生的每一次谈话，甚至是关系自己考核的每周工作感悟的撰写、教育日记的反思等。要采取措施，促进落后学科、落后班级的指导和管理工作，缩小学科内部和班级之间的差距，实现整体推进。

一项工作能不能干好，很大程度上取决于你内心想不想把它干好。遇到问题就退缩，这不是能力问题，而是思想和态度问题。相信新的一学期，老师们有了强烈的责任意识、大局意识，摆正心态，加强学习，不断反思，团结协作，勇于创新，我们级部肯定会取得更大的成绩。

相互借鉴　共同提高

2012-03-05

上一周的一个主要工作是各班陆续召开班教导会。我除了参加我所任教班级的以外，还参加了其他几个班级的班教导会。通过参加会议听到了不少好的意见和做法，值得在各个班级和全体任课教师中推广和借鉴。主要有这样几点：

一、一个良好的班集体，建设良好的班风和学风，充分发挥班干部的作用至关重要

好几个班提到，他们班之所以有良好的班风、学风，很大程度上得益于有一个负责任、积极向上、能起带头作用的班干部队伍，尤其是有一个好班长。正应了那句话：要想火车跑得快，全凭火车头来带。大、小集体的发展均是此理。要经常给他们开会，对他们的工作进行指导，多鼓励他们，给他们施展才能的机会，给他们以成就感和满足感，这样就会在无形当中给他们增添工作的信息和动力。二班、九班、十班都是这样，遇到问题他们能去管、敢管、会管，这样还会大大减少班主任的工作量。

二、充分发挥科代表的作用，是提高学科成绩不可忽视的重要因素之一

很多任课教师都有体会，一个好的科代表能替自己干不少工作，在带领、监督同学们学好本学科，提高本学科成绩方面起很重要的作用。但是，一个班内这样工作能力和责任心都强的学生毕竟只是一部分，他的精力是有限的，不能每个学科、什么活都给这几个学生，那样的话，他们也是干不好的。在这种情况下，任课老师就需要经常给他们开会，对平时的工作进行技术指导和能力培养，提高他们的工作水平，更好地服务于自己的教学。在班教导会上好几个任课教师都提到这一点。

三、科学利用好飞信，密切老师与学生家长之间的联系

七班班主任把飞信号码和密码告诉其他任课教师，让其他任课教师也能随时将学生的表现和作业完成情况及时向家长反馈，要比班主任先汇总再向家长发更专业、更及时，是一个不错的办法。只不过在发飞信时要注意这样几点：1.尽力不要群发，尤其是对一些完不成作业或违纪的学生，把他们的姓名让自己家长以外的人知道，是不合乎相关规定的，时间长了无论是学生还是家长都会对我们产生不满，有些时候他们不说主要是因为我们是孩子的老师，怕我们难为孩子不敢当面说罢了，一旦有站出来说的，问题就严重了。2.尽力以第二人称的形式发，这样感觉亲切，有一种被尊重的感觉，内心她会感激老师的。3.发送飞信不要太随意。能一句话表达明白的不要多说，否则家长认为我们啰唆，表达能力不强；能一次解决的不要多发，不要想起一件事发一个，一会儿想起一件事又发一个，那样家长认为我们做事欠考虑，不尊重家长，容易引起家长反感；飞信内容要语气诚恳、语句通顺，不要出现错别字（包括标点符号），否则家长会笑话我们

"老师都这样,如何教育好学生"。另外,直接面对面去家访,仍是当今状态下很好的密切家校联系的方式,那样更容易获得第一手资料,赢得家长的理解和尊重,激发学生学习的动力。这次班教导会中好几个班提到利用寒假时间去学生家中家访,开学后学生变化很大,如十班等。

四、畅通和学生交流思想的渠道,走进学生内心世界

有的班主任继续沿用了以往的学习计划本,让学生把心里话或每天的学习总结写在计划本上,班主任老师每天批阅,和学生进行交流,了解学生或班内其他学生的思想动态,有问题及早采取措施,工作积极主动,避免了"出了问题再解决问题"的被动局面。有的班主任把"学生成长周结簿"作为和学生说私房话、交流思想的重要渠道,如十班,我们虽然对"学生成长周结簿"的书写任务进行了分工,但是十班班主任老师没有让其他老师去写,而是自己亲自写,以此和学生进行思想交流,走进学生的内心世界,这必将大大增强工作的针对性和实效性。

五、任课教师要控制好自己的课堂

作为一名教师,控制好自己的课堂,上好课,是一项最起码的素质。不能自己上课让别人去给你控制课堂,维持秩序,如果真到了那种程度,真的是要从我们教师自身找原因了。不要怨天尤人,一个好班有弱科,一个差班也有好的学科,一个班集体的好坏,班主任老师固然起重要作用,任课老师的作用也不可忽视,每一位学生、每一位任课教师都有自己不可推卸的责任。遇到问题发牢骚,束手无策,把责任推给学生、推给家长、推给他人,就是与自己无关,不是以一种积极的心态去分析问题、解决问题,是不称职的表现。

即使两个班也有个第一和第二的区别,何况一个级部十个班,总

要分出个一、二、三……来，但这不能成为我们班差的理由和借口，只要每个人都有一颗积极进取的心，即使是末第一也要缩小和末第二的差距，我们的工作才会得到推进和发展。相信经过一个学期的努力，我们级部能够消除领导眼中的"弱班弱科"现象，实现齐头并进，全面发展。

教育中的"两头"现象

2012-06-20

有句俗话叫"良好的开端是成功的一半",老百姓还有句俗话叫"编筐编篓,重在收口",说的是做一项事情的两头很重要。教育中有很多"两头",值得我们重视,做好了"两头",往往就成功了一半,甚至是一大半。

一、一级学生(三年)的"两头"

三年一个循环,新生入学与学生毕业是教育中的两个节点,一定要抓好这三年的"两头"。

新生入学之初,对一切环境都是新的,互相不了解,组成了新的班集体,这个时候,作为班主任要制定班规,倡树班风,让学生尽快适应新环境,增强班级凝聚力,第一学期尤其是前半个学期至关重要。如果这个阶段我们付出了,工作到位了,形成良好的班风,那么剩余的两年半时间你的工作将很轻松,事半功倍;否则,如果第一学期工作不到位,"省劲"了,那么接下来两年半的时间就会"费劲",将会事倍功半。

学生在校学习了三年,无论是与同学还是与老师可能会产生这样那样、或大或小的矛盾、冲突或不愉快,无论学生学习成绩好坏,临近毕业的最后一个学期,尤其是最后两个月的时间,班主任工作需要注意工作方法与工作策略,化解矛盾,冰释前嫌,切不可让学生带着误解、带着仇恨毕业。让学生带着感恩、感激和不舍的心离开同学、离开老师、离开母校，才算是成功的教育。

二、一个学期的"两头"

学期初和学期末是班主任工作最忙碌的两个时期，也是关系班级工作成功的关键。

经过一个假期，每个同学都会有或大或小的变化，无论上一个学期学生的表现如何，可能与上一学期结束时会有所不同。新的一学期刚刚开始，每个人都会有自己的计划，对新的一学期都充满着信心和希望，教师要以鼓励、正面教育和引导为主，让学生以一种新的精神面貌和姿态积极地投入新学期的学习中去。

每一学期的学期末，班主任老师要做好总结。既然是总结，那就都是过去的事了，所以一定要客观，优秀学生的优点需要表扬，差学生的优点更不能忽视，差学生的缺点与错误要指出来，好学生表现不好的地方也不能不说，以利于在假期或下一学期采取措施，予以改正。切不可好的不说好、差的不说差，做一个"老好人"，那样的话，只能是自己给自己以后的工作设置障碍和难题，不利于下一学期开展工作。

三、学生中的"两头"

无论是优秀的班级还是较差的班级，每个班都有优秀学生，也都有纪律不好、习惯较差的学生，抓好这些学生对于促进班级管理至关重要。

充分发挥优秀学生在班内的示范带动作用和班干部的管理作用，有利于倡树正气，营造良好学风和班风，这是班主任进行班级管理不容忽视的，忽视了这一点，工作有时会舍本逐末。

班内纪律不好、习惯较差、成绩又不好的学生，往往是班主任比较头疼的学生，班主任老师很大一部分精力都放在了这部分学生身上。

对于这些学生，不能单纯靠打、压，如果那样，就像弹簧一样，压得越厉害，弹得越高，工作越难做，班主任老师需要软硬兼施、身心兼顾、各个击破等采取多种形式与方法，本着以"稳定压倒一切，保稳定、求增长"的指导思想去开展工作，效果会更好一些。

四、教师中的"两头"

教师作为一个行业或群体，同样存在着发展不平衡的现象。有的老师态度端正、积极上进、尊师爱生、乐于奉献；有的老师工作应付、不求上进，更有甚者迟到早退、中途溜号、"苟且""躺平"，面对这种现象，作为一个管理者需要正确面对，奖优罚劣，切不能好赖不分。

每个人有每个人的生活方式和价值观念，作为成年人我们更无从干涉，但每件事情背后的前因后果一定要了解清楚，切不可只看到表面现象就妄下结论。开会采取点名表扬和匿名批评相结合的方式，教师的自尊心更强，受到表扬的老师会表现得更好，遭到批评的老师即使没点名也会对号入座。个别老师的个别问题可以采取个别谈话的方式，不能在大会上点名批评，不留情面，一旦激化矛盾，后果将不好收拾。教师和学生一样，通过表扬倡树正气，营造团结和谐、积极上进的良好风气是正道。

遵循规律　守正简洁

2012-10-22

作为班主任，在学校里面是最小的职务，但事情却是最繁杂的，大小领导、各部门处室布置的任务经过层层传达最终都落到班主任身上。尤其是网络办公以来，各种各样的通知通过形形色色的群一键必达，更是让班主任老师应接不暇。

每个领导、每个部门的任务都到了班主任那里几乎压得班主任老师透不过气来，如此一来，很多班主任老师疲于应付这些事务性工作，没有时间找学生谈心，没有自己的思想和主张，更谈不上自己的班级特色。

追问1：我们怎么这么忙？

答案：教育，有时候需要用减法。

学会删减事务。哪些事情必须做，哪些事情可以往后放一放，甚至哪些事情可以不用去做，班主任要学会选择和过滤。

追问2：我们到底能做成多少事？

答案：教育需要等待，该丢弃的就要丢弃，如果想面面俱到，其结果往往可能是面面不到。无论是班主任老师的班级管理还是任课教师的课堂教学，如果我们安静地盯着一件事，去把它完成，持之以恒地做下去，往往就成了自己的特色，少和简单也许会让我们更有力量。

教育是有规律的。一个只知道行动不知道思考的人，是走不远的。如果你每天只忙于事务、疲于应付，那请问你利用什么时间思考？做减法，能将复杂的事情变简单。少，即是多；精，即是好。

要明确问题出在哪里？

2012-11-27

期中考试结束后，对于各班出现的问题，我一直在思考，并积极地去寻找对策。通过和老师们交流、谈话，了解到一些信息。昨天在例会上我重点对各科成绩进行了分析，优秀班级、优秀学科和较差班级、较差学科我直言不讳地进行了列举和分析。差的班级结果也有优秀学科，所以并不完全是班主任和班风的原因，任课教师控制管理好自己的课堂才是起决定性作用的因素。

分析出现这些问题的原因各有不同，有的老师和学生闹得关系不够融洽，影响了学生对该学科的学习，导致学生成绩差，所以要从改善师生关系上入手；有的老师课堂效率较低，所以要从提高课堂效率上入手；有的老师给学生布置作业太多，只有数量没有质量，只有量的积累，不能产生质的飞跃，甚至让学生对学科产生厌烦情绪，所以要从适量给学生布置作业上入手；有的老师控制课堂能力低，自己讲得很好，但没落实到学生身上，所以要从严格要求学生上入手；等等。只有明确问题出在哪里，再去采取措施，才会有所进步，有所提高。

凡事总为自己的失败找借口的人，他永远不会提高，不会获得成功！

因为爱，所以幸福

2012-12-19

《新课程》报编辑部来约稿，撰写"公德驿站"栏目小文章。

12月8日晚，山东理工大学举行"感动2012，公益之旅协会十大公益人物"颁奖晚会暨年度总结大会，该协会50名志愿者代表参与了此次颁奖活动。

此次当选的"感动2012，公益之旅协会十大公益人物"的是：从加入公益之旅协会这个大家庭就一直默默努力的大一女孩宋占帅；为推动红色义工事业、无私奉献一年的社团东校区女干部李楠楠；坚持一年爱心宣传、敢为人先的建言献策志愿者单雪倩；奠基公益之旅协会两年发展历程、默默奉献，工作在志愿服务岗位的会员部部长黄瑞；弯腰拾起活动场地垃圾的陕西女孩赵雷娜；从学校到社区，服务基层社区的义工于航；"校园红绿灯"交通协管志愿者刘鹏；用最真挚的言语向远方的父母传递最美好祝愿的爱心志愿者王连明；默默奉献在新闻宣传工作中的宣传部部长王春红；为推动学校应急志愿者管理事业而做出特殊贡献的地震应急志愿者队助理唐绪春。

他们很普通，很平凡，普通得在人海中毫不起眼，平凡的生活没有一点波澜。但他们又的确不平凡，他们做的事情让我们生出由衷的感动，感受真实的暖意。他们是值得我们骄傲和尊敬的校园公益人，在他们身上，体现了该校青年志愿者们敢于奉献的风尚。

央视关于幸福的调查，我想如果问到他们，他们肯定会毫不犹豫地回答"幸福",因为他们心中有"爱"。"感动"已经逐渐成为一种新的道德评判体系进入群众的思想观念,它能够给人以启迪、给人以温暖、给人以力量。他们的举动将很好地推动形成人人参与公益、奉献一片爱心的良好风气,推动形成我为人人、人人为我的社会氛围,为不断提升在校大学生道德素质和社会文明程度发挥更大作用。感动2012,感动公益之旅协会的不仅仅是获奖的人员,同样要感谢参加过无数次志愿活动的志愿者们,相信,付出就会有回报,志愿者的路会越走越宽阔。

  驿站感言:社会是个人的归宿和依靠,是我们共同生活的"大家庭"。面对复杂的社会生活,我们一方面要紧随社会生活的主旋律,与时俱进;另一方面要抗拒外在的压力和诱惑,坚持自己的正确立场,在复杂的社会生活中学习做一个理智的社会成员。其实幸福很简单,就在你亲近社会行为的举手投足之中,在你的默默奉献之中,在你的创新和承担责任之中。通过这些榜样,我们深刻认识到,关心社会、亲近社会,要从身边小事做起,在学会谦让、分享、助人的同时,服务班级、奉献学校,进而参加社会公益活动,服务社会、奉献社会。如果每个人都能多一点爱心和奉献,社会就会变得更美好。只要心中有爱,我们就会幸福!

师生关系也是"教学力"

2013-05-10

开会时曾和老师们讲过,要和谐师生关系,让学生因喜欢老师转移到喜欢你所教的学科,真正做到"亲其师,信其道",这样提高自己教学成绩的同时,还收获了师生感情,是一举两得的事。我调查了化学王某老师的教学行为,结合学校组织的"我最喜爱的老师"评选活动,我也在反思自己的教学行为。

经常和同学们讲,老师批评你,甚至训斥你,都是为了你好,是为你负责的表现,将来你会因此而感激老师的。但仔细想一想,有多少学生能理解老师说的这些话,学生也是人,而且是生理和心理都不成熟的正在发展中的人,当自己犯了错误,受到老师批评、训斥甚至是羞辱的时候,他的心理承受能力到底有多大,我们能否达到自己预想的教育效果,很值得画个"?"。每次进行我最喜爱的老师评选,我的票数都很低,我想这是一个非常重要的原因,就是对待犯错误的学生要求过高,处理学生过于严厉,甚至是忽略了学生的内心感受和心理承受能力。我在教学过程中尝试着去改变这些,虽然多年来的性格脾气一时难以改变,但我在尝试着、努力着。四班的张某东同学让我更加坚信了这一点。

第一次认识张某东,是在礼参进行实践的过程中,因为违反纪律对其进行处罚。根据后来和班主任及相关任课教师的交谈,了解到张某东同学好像有多动症,心理年龄太小,怎么说都不听。后来,我计划改变策略。有一次我表扬了张某东，说他近一段时间进步很大，希望同学们向他学习，结果他表现出毫不谦虚的样子，冲着同学们摆了摆手，说了这样一句话："一般一般。"同学们笑了，我也没作声。不知是不是这次表扬的缘故，虽然有时候他还是很随便，但他的政治成绩却出乎意料地好。上课时，我走到他的座位前，问他：你背得不错啊，啥时候下的功夫啊？他说：昨晚用了一个小时的时间我就全背过了。我明白了其中的缘由，课下他真下功夫学了。后来的几次政治考试他几乎每次都是100分，有时我在他的试卷上写上几句批语：近期进步很大，希望继续努力；希望其他学科也能像政治这样。

　　到了这一级，有几个问题也引起了我的思考，有的任课老师工作态度很好，工作干劲很大，可每次考试所教班级成绩都在后面。刚一开始，我有点百思不得其解，后来经过和班主任老师及学生座谈，才了解到主要原因是因为该老师与学生关系闹得很紧张。由于工作责任心强，学生成绩低就对学生发火，导致学生对老师产生厌烦情绪，进而对该老师所教学科产生厌学情绪，甚至出现了全班同学要罢学的局面。这时我才明白为什么该老师如此努力成绩却上不去的原因了。

　　以上现象让我更加坚信了"亲其师，信其道"的道理，工作态度和工作方法是决定工作成效的关键，我们每个老师都要不断反思，不断改进，在提高自己教学成绩的同时，也收获一份真挚的师生情谊，因为师生关系也是一种教学力。

　　学生对老师都有一种敬畏感，时代发展到今天，尤其是计算机、信息化时代的到来，网络的出现，有很多知识不用老师教，学生可以有很多获取的途径，甚至是有很多知识学生掌握了很多，反而老师了解得很少，这无形当中降低了老师在学生心目中的地位。在这种情况下要想提高自己所教学科的教学成绩，单纯靠自己的知识去影响学生所起的作用已经丧失了原有的重要地位。要想让学生喜欢自己所教学科，达到提高教学成绩的目的，很大程度上要靠教师自己的人格力量去影响学生，从而赢得学生的尊重，这已经被不少的优秀案例所证实。所以，作为新时期的教师，我们要不断加强自己的师德修养，塑造自己高尚的人格，用自己的人格力量去影响学生，赢得学生的尊重，从而进一步达到提高自己教学成绩的目的。

先进与落后

2015-04-09

昨天,教研室全体人员一行到某某初中进行听课调研,通过听课评课与所见所闻,感触很多。

一、进步着,成熟着

上午听了三位年轻教师的课,虽然都或多或少地存在一些问题或瑕疵,我想这是正常的,但明显感觉到他们在不断地进步,无论是导学案的编写还是课堂教学,与上一学期昌乐二中学习归来后的听课调研有了明显的进步,在逐步的成型并走向成熟。

二、思考着,行动着

通过和几位学校领导的交谈,赞叹于他们不断改革、勇于创新的优秀品质。教室内班级竞争和小组合作氛围的营造可以看出他们是下了不少功夫的。春节后几次听到相关领导这样一句话:从学生的学习状态看教师的行为转变,在某某初中的课堂上让我进一步加深了对这句话的理解,而这一系列的转变离不开学校领导深谋远虑和大胆决策。谈话中了解到开学一个月来,他们已经紧锣密鼓地多批次派出教师轮流到昌乐二中和滨州行知中学六十余人次,以此来巩固上学期实行课改以来业已取得的成果,这是什么样的魄力和节奏,不觉让人心生钦佩,这也源于学校领导的勤于思考和大胆行动,以及对工作认真负责的态度与精神。

三、摸索着，改革着

下午与思品教研组老师评课座谈后，参观了某某初中的课程超市，听了相关校本课程开设开展情况的介绍，了解到学校领导在课程改革方面所做的一些探索和尝试，虽然在规范性和系统性上还有不少工作要做，但至少看到他们在朝着正确的方向迈进。

结合上周的调研和今周相关人员的议论和谈资，反观我县初中教育的发展现状有这样几个思考：1.一个好校长就是一所好学校。校长的思路决定老师们的教学思路，决定学校的发展思路，也决定着学生的学习方式和人生发展。2.责任意识决定行为变化。心中有没有时刻装着"责任"两个字，将决定着你会采取不同的实际行动，不同的行动自然就会产生不同的效果。3.思想政治工作是一切工作的生命线。作为管理人的岗位，校长需要管理好教师队伍，教师需要管理好班级和学生，做任何工作之前都要思想工作先行，对于我们来说就是教育理念的转变问题。还是那句话：思想通了，一通百通；思想不通，一窍不通。有的学校发展得好，教育教学质量高，有的学校发展得差，教育教学质量低；有的学校在想方设法积极上进，有的学校在不思进取怨天尤人。

一种人在为成功想方法，另一种人在为失败找借口，这就是成功者与失败者最大的区别。

蹲点日记

2015-04-13

看着其他的蹲点包校的领导已经陆续地和对应学校取得了联系并开始开展工作了,有的已经去了两次,我也多少有点沉不住气了。4月10日(周五)是这一周的最后一天,我也开始了我的蹲点包校生活。

上午八点就按时到了学校,和两位王校长进行了交流和座谈。我先简单通报了一下去年各学科成绩,然后开始了漫谈式的交流,从表层上了解到蹲点学校的当前教育现状或是表层的一些教育现象,做一个简单的梳理。

一、教师执行力不足

交流过程中,王校长提到老师们对学校政策或意见的执行力不足,比如说集体备课和校本教研等,学校虽有明确规定,但老师们在真正执行和落实过程中,效果不明显,甚至是流于形式,老师们的工作积极性不够高。在交流中也了解到出现这一现象的原因很大程度上是因为某一项方案或意见出台后,缺乏中间过程的制度保障和后期的考核评价等一系列跟进措施,如果进行责任追究的话,我倒觉得主要是相关领导问题。

二、责任归因不当

交流中谈到学校教育教学质量较低的时候，王校长提到不能完全怪老师，我随即进行了追问：那主要怪谁呢？一时语塞，言外之意很大程度上怨学生。我也策略地谈了自己的意见：学生学习习惯的养成、良好教风学风的形成、教学成绩的提高很大程度上依赖于全体教师的共同努力，而教师工作积极性的提高等则有赖于学校领导的调动和激发。所以，归根结底在于学校领导班子的领导力和中层领导的执行力。

三、教学理念陈旧

本想说是教学模式或教学方式落后，但仔细一想这一切背后的原因都是教学理念陈旧的表现形式。交流期间王校长提到前段时间听课过程中发现的一种现象：课堂上老师讲得多，学生缺乏巩固的时间，课堂效率不高。正值学校举行课堂教学大赛，上午从第二节开始听了三节课，听课不多，也可能是个别现象，不具有普遍性和代表性，但也不同程度地证明了王校长的这种看法。一切不同行为背后隐藏的都是思想和理念的不同。王校长列举了一数学老师充分利用小组合作提高教学成绩的事例也似乎证明了这一点。当然，多学科、全方位地听课了解之后再下这样的结论也不迟。

四、几个现象

学校正值举行课堂教学大赛活动，思品、历史、地理是作为文综一个组举行的，老师的课堂教学成绩是要计入期末考核的，所以，老师们还是比较重视的 。但这一成绩的取得我倒觉得有些不是很客观，只有全程听下来的老师才有资格给上课教师打分，为了避免老师们之间出现矛盾或冲突，打分是不署名的；同时为了避免出现分数过高或过低现象，学校划定了打分标准和打分界限，这两项措施我认为带来的直接后果有：前者会直接导致打分的不负责任和感情分的出现，成绩的不客观性也就成为必然；后者带来的结果就是优者不优、差者不差，类似于平均主义"大锅饭"，将极大地挫伤教师的积极性，起不到奖优罚劣的目的。

学校正在实施学生学习习惯养成教育活动，我认为是很有必要很有价值的一项活动，但其具体内容我还未做深入的了解，不便发表一些看法。

| 第四辑 |

教学随思

当前国际国内形势对青少年学生思想道德素质的影响与研究

1997-09-29

几乎每个人都知道,"只顾低头拉车,不顾抬头看路"将会产生什么样的后果。现在,我们对广大青少年学生的教育可以说存在这种危险,主要表现为对广大青少年学生只顾智育学习,忽视德育,尤其是忽视对广大青少年学生的思想道德素质教育。所以加强学校对学生的思想道德素质教育,将是关系到党、国家和民族前途命运的一件大事。

邓小平同志说:"毫无疑问,学校应该永远把坚定正确的政治方向放在第一位。要加强各级学校的政治教育、形势教育、思想教育。"中共十四届六中全会也明确提出:社会主义思想道德集中体现着精神文明建设的性质和方向,对社会政治经济的发展具有巨大的能动作用。而对学生进行思想道德素质教育,思想政治课教学可以说起着主阵地保垒的作用。本文将谈一下如何针对当前国内和国际形势加强对中学生思想道德素质教育,与同行们磋商。

受当前国内形势的影响,大量社会负面"冲击波"正在冲击抵消着学校正面的、正统的德育教育,出现了"5+2=0"的现象,即学生在校接受五天的教育,过上一个周末,结果被社会上一些腐朽、反面、消极的东西冲击得一去无影踪。

社会主义市场经济发展了,引起中学生思想观念、道德行为、价值取向等发生深刻变化,引起中学生人生追求全方位、多层次的变迁。

在计划经济条件下，由于分配上的平均主义，贡献大小一个样。人生追求自然向荣誉、名声等精神需要上倾斜，"宁可生活清贫，不可精神空虚"，就是这种追求的反映。而社会主义市场经济的建立和发展，个人收入分配制度的改革，使人生追求逐步由功名追求向功利追求突出的现象在中学生身上也打下了烙印，尤其是社会舆论的误导。当代中小学生处在这种社会活动日趋多样化的变革年代，面对纷繁复杂、光怪陆离的社会现象，学校这片净土也受到了污染、学校筑起的信念大堤就显得较单薄、脆弱。

以上种种情况导致部分中学生不顾现实条件，信奉什么"人生在世，吃穿二字"，盲目追求所谓的"时髦""潇洒"，狂热崇拜那些所谓大款、明星们的生活方式，并加入到"追星族"的行列之中。青少年学生的思想阵地被侵占，他们不仅荒废了自己的学业，而且使自己的理想、志向在这种盲目追求中消失殆尽，最终留下的将是空虚和无聊。

青少年学生思想活跃，可塑性强，易于接受形象的具有真情实感的事物。为此，我在教学中穿插一些爱国主义教育的影视片、名人图，如讲《热爱祖国》这一课，让学生观看《英雄儿女》激起了学生的强烈反响，特别是里面的主题歌《英雄赞歌》给他们留下了难以磨灭的印象。"一声吼叫炮声隆，翻江倒海天地崩……敌人腐烂变泥土，勇士辉煌化金星……"，那振奋人心的曲调，流畅的词句，感人肺腑的大无畏革命英雄主义气势使一度流行的港台歌曲中的"爱恨""潇洒走一回"大为逊色。使"追星热"转为"爱国热"，使狂热的追星族走出纷乱的太空，体会到了做人的道理和对祖国深深的爱。

在理想信念上，部分学生重物质，轻精神，大谈社会上流传的"理想理想，有利就想；前途前途，有钱就图"。针对这种现象，教师要及时地与课本知识有机地联系起来，对学生加以正确的引导和教育，帮助他们树立正确的人生观。

形势变了，人的思想意识也在变。对于生理、心理尚未成熟的青少年学生来说，若不及时引导，对他们良好价值观的形成也是非常不利的。

近几年来，一些学生在学校出现了花钱搞攀比的现象，衣服穿名牌，同学的生日宴会大摆阔气，有的甚至佩戴金银首饰。问起他们对钱的看法，他们都几乎用社会上很流行的一名话来回答你："钱不是万能的，但没有钱是万万不能的""有钱能使鬼推磨。"他们似乎又从社会主义市场经济的氛围中给"一切向钱看"找到了一点理论依据。对此，我们要给同学们就"金钱"作深入的剖析，帮他们树立起正确的金钱观、价值观。

首先，我们要使学生懂得，金钱不仅是人们生活中必不可少的东西，而且在两个文明建设中起着不可替代的作用。我们可举北京亚运村、上海黄浦大桥以及身边的建筑工程等活生生的事例来说明金钱的作用，同时，还要让学生看到，金钱不但推动物质文明发展，而且也推动精神文明建设大步向前。中华民族精神面貌的巨变和道德水准的升华，都离不开金钱。因此，认为金钱只能带来堕落，是万恶之源的看法显然是片面的。

其次，我们要教育学生，金钱既然有正面效应，也必然会有负面效应。所以看不到金钱的负面效应，同样是片面的，甚至是危险的。我们还可以举白求恩、方志敏、雷锋、徐洪刚、孔繁森、邱娥国、张金垠等人，他们一生追求的目标是什么？一个人如果把金钱看作生活的追求和幸福的象征，那是"猪栏的理想"，更谈不上人的尊严和人的价值。这样一来，同学们对金钱就会有一正确认识，树立起科学的金钱观、价值观。

以上列举的种种情况，教师应结合时势，及时地联系课本知识加以分析，也可以以专题的形式让学生讨论，然后加以讲解说明。当然这一切要以思想政治课教师有一个较高政治素质为前提，对这类问题，教师本身首先要有正确的认识观和价值观。

当前国内环境影响青少年学生思想道德素质的另外一个重要原因就是不少家长的"爱子病"得不到医治。父母对孩子的爱是纯洁的、无私的、高尚的、伟大的，但它一旦走向极端，则会扼杀孩子的天性，扭曲孩子的性格，腐蚀孩子的灵魂，这就是溺爱造成的后果。孩子在家庭中备受尊崇、高人一等，处处享受特殊照顾，导致孩子自私自利，缺乏同情心，不关心他人。由于过分注意孩子，以孩子为中心，导致孩子处处以自己为中心，没有礼貌；对孩子有求必应，孩子要什么给什么，稍不如意就大哭大闹，导致孩子养成不珍惜物品，讲究物质享受，浪费金钱，不体贴他人，怕吃苦等。为此，教师除有意识地对学生教育之外，最好建立家长学校，或不定期召开家长会，提高家长的教育能力，转变家长的质量观、人才观，从而保证学生的人格健康发展，提高他们的思想道德素质。

　　新形势下，作为一名思想政治课教师，只有联系当前国际、国内形势，结合教材内容，有针对性地对学生进行思想政治教育，才能培养出合格的社会主义建设者和接班人。

实现三个转变　确立学生主体地位

2011-09-29

"教为主导,学为主体,练为主线,素质为主旨",这一原则告诉我们,一切教学活动都要围绕学生展开,在教学过程中,要以学生为中心,以学生发展为本。所以,充分发挥学生的主体作用,放手给学生一个自主探索学习的时空和机会,使学生在教学中活起来,方能使他们愉快地学习,主动地发展。我认为,作为一名思想政治课教师要真正发挥学生的主体作用,需要实现以下三个转变:

一、实现对课本的认识由"教材"到"学材"的转变,是确立学生主体地位的基础

长期以来,把课本作为教材,人们早已习惯。今天,当我们强调确立和尊重学生主体地位的时候,这种习惯要改变。既然学生是主体,那么,教师在指导学生学习课本时,要有明确的"学材"意识。

以往只有在教师讲的时候,学生才被动地翻书,课本在学生心目中的地位不如习题。近几年中考中随着开放性试题的逐步推广,也无疑给我们传递这样一个信息:必须以课本为"本"。这就要求我们,必须把课本当"学材"使用,让学生主动地学,认真地学,带着问题读书,从课本中读出"问题"来。所以,教师必须解放思想,把课本交到学生手中,让学生百看不厌,百看百新,实现课本由"教材"到"学材"的转变,这是确立学生主体地位的基础,因为课本与学生之间的矛盾是教学过程中的一对主要矛盾。

二、教师的教学目的实现由"教会"向"会教",由"学会"向"会学"的转变,是确立学生主体地位的核心和宗旨

长期以来,不少教师认为一堂课下来,课本上的内容学生记住了,提问几个题目,学生背过了,就达到了教学目的。一节课,老师说说、画画,留下大量的时间让学生去背背,就是充分发挥了学生的主体作用,这实际上是一种浅尝辄止的做法,这种认识是片面的。

伟大的教育家陶行知说过:"教师的责任不在教,而在教学,在教学生学。"所以,发挥学生的主体地位,要着眼于帮助学生解决学什么、怎样学的问题上,即要培养学生的学习能力,特别是自学能力和学习习惯的养成。我认为发挥学生的主体作用,主要是激发学生的思维,增强其创新意识。但实际上学生思维能力的增长,不可能是教师教会的,而是在学生主动思考和解决问题中不断滋长和发展起来的。因此教师做的,不是教给学生什么样的能力,而是为他能力的发展培育适宜的土壤,创造宽松的条件。也就是说,教师要把开发知识的钥匙交给学生,并在开锁上指点。如对于有难度的问题,教师不要急于求成,要给学生留出思考的时间和空间,各抒己见,这样,学生的求知欲望才会高涨。

只有"会教",才能"教会";只有"会学",才能"学会"。在这一转变过程中,教师要充分发挥自己的主导作用,当好导航员,把学生引导到独立认识问题、解决问题的航道上来。我们所说的备课中要"备教法、备学法"大概就在于此。

三、在教学方式上,要实现"传统式教学"向"开放式"教学的转变,是确立学生主体地位的有效途径

传统的教学方式,往往是教师"一言堂",学生被动地接受。一堂课下来，教师声嘶力竭，学生却仿佛如梦方醒。我在教学中，进行了"开放式"教学的实验，大大有利于学生主体作用的发挥。主要有以下几点：

1．教学内容的开放。依据《课程标准》和教材结构，紧密联系社会生活、学生实际，以社会为大课堂，使单一的课本内容不断充实，吸收社会新鲜"血液"，丰富学生的知识，提高学生的觉悟。

2．教学活动的开放。课堂上，学生的主体作用常常得不到充分的发挥，而在活动过程中，学生是活动的"主角"，教师只要进行一般指导，就有利于学生主体作用的发挥。所以，我把教学活动从课内扩大到课外，从理论到实践，通过多种活动来组织教学，如小议论文写作、读报、影评、社会调查等。

3．教学手段的开放。根据不同的教学内容，采取多种手段，提高学生的学习兴趣，发挥学生的主体作用，获取最佳效果。如导读自学法、电化教学法、专题演讲法、测验竞赛法、讲评激励法、辩论会法等。

教师导的对象是学生，练的目的是为了学生。所以，在教学过程中，教师要转变观念，采取新的教学方法，充分发挥学生的主体作用，方能达到提高学生综合素质的目的。

树立大主体教育观　实施"开放式教学"

2011-12-15

提高学生的思想觉悟和心理素质,并把它转化为自身的行为,是思想政治课的根本任务。指导行为则是整个思想政治课教学的归宿。而传统的教学方式则存在如下一些弊端:(一)容易滑入封闭说教的注入式"泥坑",以窒息学生的主观能动性,学生被动应付,厌倦情绪剧增。这不适应当今开放社会发展的需要,不适应当今中学生发展的求知欲望,不利于学生德、智、体的全面发展。(二)思想政治课的德育功能得不到充分发挥。而在传统教学方式下,学生只了解了一些基本的观点和理论,不知道用这些观点、理论来指导自己的行为,认知水平和践行水平明显脱节,达不到学以致用,知行统一。(三)学生学习政治课的积极性不高。教师面孔冷冰冰——无情,教学内容干巴巴——无味,教学方法孤单单——无趣,理论脱离实际——无信,进而导致学生昏沉沉——没劲。

为了克服传统的教学方法的种种弊端,充分发挥学生的主体作用,深入贯彻素质教育方针,我们树立起一种大主体教育观,在思想政治课教学中开展了"开放式教学",取得了较好的效果。

一、通过教学过程的开放,激发学生学习兴趣,发挥学生在课堂上的主体作用,提高学生的创新能力

在教学过程中,根据不同的教学内容,通过多种形式优化知、情、意、行的整体过程，可以大大激发学生的学习兴趣，使学生的创新能力有所提高。如在讲《拥有健康心理》一课时，我画出一个形象的板书（一盆鲜花），让学生根据对这一节内容的理解把它完善起来，很多学生填得很好。在此基础上，第二节课，我又拿出一个题目的内容，让学生自己设计板书，自己讲解，也来当一回老师。结果不少学生的板书科学、合理，让老师感到意外的惊喜。这一些可以说，都必须是建立在学生对课本内容真正理解的基础上才能做到的。在教学过程中，老师真正起到了"释疑、解惑"的作用，同时发挥了学生的创造性，让学生尝到了成功的情绪体验，并做到了"教学相长"。

二、通过教学内容的开放，增强教学的时代性和针对性，变单纯地归还学生时间为归还学生思维过程，以发挥学生的主体作用，提高教育教学效果

归还学生的主体地位最重要的是归还学生的思维过程，而不仅仅是时间，我们的目标应该是让知识成为学生自己思考的果实。所以依据《课程标准》和教材结构，在教学中，我们紧密联系社会生活和学生实际，以社会为大课堂，及时吸收新鲜"血液"，使单一的课本内容得到不断充实，并让学生进行分析与思考，从而发挥学生的主体作用，提高教育教学效果。如针对课本内容，我让学生对《中学生日常行为规范》进行了深入的学习和了解，然后组织学生观看了《做文明礼貌中学生》专题片，为学生提供了活生生的学习榜样，找出了实际行为上的差距，效果很好。

三、通过教学活动的开放，从课内引向课外，加强理论与实践的结合，发挥学生在课堂以外的主体作用，提高学生的综合素质

课堂上，学生的主体作用常常得不到充分的发挥，而在活动过程中，学生是活动的"主角"，且每一个学生都能参与进去，教师只要进行一般指导即可。所以，我们把教学活动从课内扩大到课外，从理论到实践，通过多种活动组织教学，来提高学生的思想道德品质、培育学生的健康心理，收到了较好的效果。如结合课本《孝敬父母》等内容，为了提高学生学习的自觉性和积极性，我在学生中开展了"我帮父母做家务"活动，体验劳动的艰辛、父母对自己的爱、劳动成果来之不易。回学校后我们开展了以"我的父母我的爱"为主题的征文活动，文章字里行间体现了父母对子女的一片真情，更体现出学生决心以好好学习来报答父母的拳拳之心。从一封封家长回信中可以看出广大家长对我们这次活动的成功开展给予了充分的认可和肯定。

四、通过教学手段的开放，创设情景，激发情感，增强教学的趣味性和知识的可信度，是发挥学生主体作用的"催化剂"，可以获取对学生进行教育的最佳效果

在教学中尽可能收集有关的感性材料来刺激学生感官，有助于达到教学目的。如在讲《爱国情操的主要表现》一课时，一曲《中国志气》让学生从歌曲中明确了一个人应如何维护祖国的尊严、国格和人格，大大激发了学生的爱国情感。在学习《培养高雅情趣》时，欣赏《我的祖国》《说句心里话》等歌曲，深情的歌词，优美的画面，使学生体会到了什么是高雅的情趣；学习《建立和发展真挚友情》时，在《高山流水》《知音》等优美动听的音乐中，让学生体会到友情的重要性。根据不同教学内容，采取多种教学手段进行情景教学，不仅增强了教学的趣味性，学生学习的积极性，还能增强学生对知识的可信度，获取教育的最佳效果。

五、通过考试评价的开放，强化学生行为习惯的养成教育，实现学生由知到行的转变，真正使主体教育落到实处

为了改变学生的"厌政"心理，更为重要的是让主体教育贯穿整个教育教学过程的始终，实现学生的知行统一，真正使素质教育落到实处，我们在平时的教学中尝试着进行了一些考试改革。首先是进行试题改革，使试题更加生活化。其次是把学生日常行为的表现、平时作业的完成及质量和各种活动的参与情况都按一定比重计入学生期末成绩。既有利于班级管理，又有利于学生注重在平时规范自己的行为，养成良好的行为习惯，也能使平时教学过程中组织的各种教学活动真正落到实处有了保障。

思想政治课教学的基本规律是：学生在教师的引导下主要解决"无知"和"有知"、"认知"和"情感"、"情感"和"行为"三对矛盾。这三对矛盾的依次解决，思想政治课的教学过程呈现"明理""笃信""力行"三个阶段性变化，从而实现知、情、意、行等要素的相互转化与和谐发展。思想政治课的学习过程则是认知过程、情感过程和意志过程的统一。在素质教育新形势下，作为一名工作在一线的思想政治课教师只有不断改革、创新，用新的教育理论武装自己，指导自己的工作，方能开创政治课教学工作的新局面，培养出具有较高思想政治素质的接班人。

浅谈课改

2012-11-29

课改改什么？我们能改的是什么？如果只去一味地改变教学方式方法，无疑是给马车换一台发动机，仍然不会走得快、走得远。改变观念才是根本，如果观念没有改变，其结果只能是走得越远，错误越大。那么我们的教育需要什么样的观念：以人为本的教育观，以学为本的教学观，以生为本的学生观。教学观是受制于教育观的，是变"教中心"为"学中心"的。我们在评课的时候，只单纯地去评教学环节、教学活动，是很肤浅的，实际上每个老师的课堂背后有这样三个支撑：教育思想，对生命成长的认识，对教学意义的理解。课改能否顺利进行，就其问题归因有这样三个方面：一是观念，这是认识问题；二是方法，这是能力问题；三是态度，这是习惯问题。教师即学习发生的条件，课改正是为了"让学习发生在学生身上"，我们不要误以为知识水平高的教师就是好教师。

利用学生才是真正的"教学艺术"。我们要让学生真正成为学习的主角，有很多时候我们是不能替代学生的。比如当学习是一种体验时是不能被替代的，当学习是一种感受时是不能被替代的。要利用好学生，必须从认识学生开始，我们把权利还给学生的前提应该要先明确我们拿走了学生的什么权利，要把什么权利还给学生。新的教学行为要从"学""学生"开始建构，力求做到：教师少讲，学生多学；教师的作用是在学生遇到困难时能给予帮助；教师的讲不是展演，而是基于解决学生问题的。要把学习的主动权还给学生，善于创设学习环境，激发学习动力。我们要有这样的认识：教师水平高并不代表学生水平高，只有培养出高水平学生的教师才是真正高水平的教师。

听与学都是学生的行为，但学生听是不是在学？不一定；讲和教都是教师的行为，但教师讲是不是在教？同样中间也不能画等号。我们平常所说的"教书"主要指的是知识点的积累，"教学"则指的是教会学生学，是两个不相同的概念。而我们平时所说的"教学进度"，更大程度上则指的是教书进度，与"学习进度"也是不能画等号的两个概念，前者在较大程度上只关注了教师教的进度，忽略了学生学的进度。"教师"与"学生"两个概念我们更多地要从"成年人"和"未成年人"的角度去区分，对待"未成年人"，我们需要做的应更多地放在"保护、丰富和发展"上，我们要学会角色归位：谁学习？谁教学？教什么？怎么教？校长和老师不能把自己的好恶强加到学生身上。教师的工作应该是个"脑力活"，而不能一味地把各种资料上的内容进行重新的排列组合、搬运到课堂上来，像是一个搬运工而成了一个"体力活"。

当谈到"课改"时，有些观点还是值得我们思考的。我们经常讲的"课改"，是课程改革还是课堂改革？我们进行课改，必须要明确课改的目的、找准课改的路径、甄别课改的方法。《新课程改革实施纲要》中对课改的目的有明确阐述：利用学习过程帮助学生进入现实社会的一切准备。而课改路径则要经过课堂（高效能高效益）—课程—课堂（凡是学习发生的地方都是大课堂）的过程。高效课堂最有价值的地方是教育本质的回归，高效课堂学习中一定要有学习的目标，没有目标的学习不叫学习。学生有了目标后，开始搜寻信息，之后产生独立的见解，通过合作、探究式的交流，修正见解，再经过交流，最终达到我们原定的目标。同时，我们要认识到：校本课程≠社团活动。初级的课改是涉及不到学科的，首先是学习的技巧，其次才是学科的技巧。我们要进行课改首先要改思路，这是基础；其次要改课堂，这是抓手；再次要改学生（变被动为主动），这是目的；最后重要的是改教师，这是关键。很多学校课改走了弯路或没有成功主要是因为：缺信心、缺抓手、缺指导、缺策略。

  作为一名教师，要做到会看课评课。看课主要是看学生，评价一节课的好坏要从形（课堂基本流程）、神（教学环节的设计）、魂（学生的课堂表现）三个方面来考量。真正的高效课堂必须是教师、学生双高效，要让学习的事情发生在学生身上，要制造学习的"场"，还给学生最本质的"课堂生态"。好课就是学生喜欢。我在思考和分析我们前几年的课堂教学改革，从洋思中学到安丘四中，到轰轰烈烈地学习杜郎口，再到北宋一中的"零作业"，我们哪些做法是成功的，哪些改革是失败的？外来的东西我们学到了多少，自己的优势保留了哪些？问题出在哪里？是方向性的偏差，还是具体操作上的失误？是教师理念上的问题，还是学生实际上的差异？在我县、我校当今新形势下，我们要进行课堂教学改革，构建高效课堂的出路又在哪里？伴随着一系列"？"的出现，让我陷入了深深的思索抑或又一种迷茫的境地。

  然而，无论如何，对当前的课改，我们应该达成这样一种共识：大改小困难，小改大困难，不改更困难。

练

2013-04-02

最近接连开了两次复习研讨会，讨论的和考虑的最多的就是学生"练"的问题。我们学校学生不上早晚自习，周末不加班，和其他乡镇学校相比较，学生手里的资料也不多，总感觉学生的练习量比较小，于是也有的老师有的学科布置给学生很多题目去做。学生反映作业较多，晚上睡得较晚，有的家长也反映学生缺乏自主学习的时间。那么学生到底练多少适合呢？应该怎样让学生去应付这繁多的习题？

很显然，学生缺乏一定量的训练是不行的，但并不是多多益善，训练多少？怎么训练？老师要把握好这个度。

首要的原则是老师布置学生练习后，一定要反馈、讲解。学生是在改正错误的过程中不断进步的，如果学生出错了，不知道出错的原因，即使这个题知道了答案，在遇到类似的题目他还会出错。更不用说只让学生做，老师不讲了。打个比方，一份题学生能得八十分，说明他掌握了其中百分之八十的内容，如果对出错的二十分题目不讲解、不改错，再做一份题、两份题，他依然停留在八十分的水平上。恰恰出错的二十分就是老师该讲的，只有老师帮着学生分析出错原因，讲给答题方法和技巧，触类旁通，学生再遇到类似题目才不会再出错，成绩才会有提高。这就需要老师在备课上得下功夫，把类似的题目进行归类讲解，充分发挥每一个题目的作用，学生才会在比较中去反思、去感悟，才会有提高。往往是老师布置学生做了很多题目，缺乏课下收集整理归类讲解的环节，导致学生即使做了很多题目仍得不到提高，以至于学生感到困惑，甚至是对这门学科丧失兴趣和自信。所以老师先在学生做题之前自己先做，再进行归类讲解，那样才会更有针对性，更有实效性。

还是那句话：三流教师讲得多、练得多，二流教师讲得少、练得多，一流教师讲得少、练得少。还是很有道理的。

课堂教学的美就是一种遗憾的美

2013-11-25

上周在教学视导中听了张老师的一节课《走向世界的中国——在旋转的世界舞台上》,感触颇深,评课之后一直觉得还意犹未尽,虽时隔几日,但仍有想写点什么的冲动。

本节课是一节非常优秀的课例,不是优质课但可以同优质课相媲美。其最大的特点体现在这样几个方面:

一、案例材料的选取具有典型性和针对性

针对课本上的每一个知识原理张老师都用反映现实社会的图片或材料通过分析得出,直观形象,不牵强,便于学生理解课本原理。从当今世界的主题、潮流、趋势,到中国在国际上的地位、作用逐一分析得出,水到渠成。

教学中不少老师很不注意这一点,案例选取缺乏典型性和针对性,往往导致学生产生歧义,理解上出现偏差,从而不能按照老师事先的预设去生成,老师努力的启发和引导结果很难把学生引到老师的"正道"上来,影响老师的情绪和课堂的效果,其实责任不在学生而是在老师。

二、案例材料的选取具有时代性

"喜新厌旧"应成为我们思想品德课教学过程中案例材料选取时遵

循的一个原则，只有这样才能体现出思想品德课教学的时代性，才能使我们的课堂做到与时俱进。视频"外媒眼中的中国"与这节课题目《走向世界的中国——在旋转的世界舞台上》所讲内容联系密切，用它导入非常贴切巧妙。"2013年8月8日索马里护航舰队启航，2013年10月28日天安门金水桥恐怖袭击事件"等，用以前的行不行，也行，但不是那个味，给人以美中不足的感觉。当然这需要我们思品教师要有政治敏锐性，要做"有心人"。

三、设计非常巧妙，贴近学生生活

中间讲述"潮流"时的视频，让其中的主人公说话，比老师去讲更有说服力。"基于初中学生的生活是思品课程标准的基础"，贴近学生生活主要体现在讲述全球化时选取的类似阿迪达斯、可口可乐、耐克等相关图片，让生活告诉学生：事实本来就是这样，增强课本知识的说服力。

四、激发学生思维，进行价值观教育

"大国外交调侃"学生很感兴趣，可以说是热点。抛出这个问题能激发学生思维，只有这样课堂上才会有生成的资源可以利用，才有知识的生成。这个地方教师对学生的引导很关键，要落脚到教育学生理性爱国，认识到我国与他国的差距，勇于承担历史责任，从现在做起，努力学习，报效祖国，及时对学生进行情感态度价值观的教育。

五、不忘对课本知识的及时归纳和整理

对每一则材料得出的结论、每一板块或问题得出的结论、整节课的知识体系构建等都能及时地用课件以文字表述的形式展现出来，也便于学生掌握、建构知识。文字是知识的载体，展现出来往往比口头说一遍更利于学生掌握，这是不少老师容易忽视的一个地方。

以上这些都是建立在教师对课本理解到位的基础上的。当然，本节课并不是完美无缺的，比如缺少对"中国在国际上的地位"这部分内容的处理环节，有些图片的呈现顺序和方式，尚有值得商榷的地方，"抓住机遇迎接挑战"环节应该是下一节课的内容，拿到这一节课来处理又处理不透，似乎有些不妥。从课件来看课的结构完整性上还不够，有点琐碎，缺乏浑然一体的感觉。过于追求形式，在知识落实上花费的精力少一点。学生思维活跃了，自然课堂上生成的资源就会有很多，这就需要老师能及时捕捉到并能有效利用这些资源，这是与老师的个人素质有密切关系的，针对这个问题我的观点是：精力集中认真听，精神放松慢慢来；有效资源利用好，无效资源及时评。教师的激情和调控课堂方面也是因人而异的，还有较大的空间。

一节课不会十全十美，课堂教学的美就是一种充满遗憾的美。正是这样才驱使我们不断地去追求、不断地去探索，我想这也是我们工作的动力所在，是我们每位思品人应努力追寻的梦想。

"省课"小记

——听省优质课有感

2014-05-08

最近在济宁听了四天的省优质课,听了二十几节课,结合我们两位选手准备课的过程,有这样一些感触:

一、真有好课

只有这种同课异构,才能显示出水平的高低和差距来。每半天三至四节的课题是一样的,相比较之下,不同的人不同的处理方式,收到的效果是不一样的。

给我印象最深的是山大附中刘斐老师讲的《我们的朋友遍天下》一节。在我的思想中这是一节比较难讲难处理的一节课,但是听了刘老师这节课后,尤其是对"交往的内圈和外圈"这一项目的处理,听完后第一个感觉就是:课题内容无所谓好讲难讲,之所以难讲是因为你的思路还不够开阔,你的方法还不够得力,你对教材的理解和把握还不到位。这进一步让我体会到了学无止境的深刻内涵,加深了对教无定法的认识和理解。其中无论是问题的设计还是课件的创意,无论是学生的调动、课堂气氛的活跃还是教学过程中的生成,都堪称是上乘之作。刘老师从出示授课班级学生的相关照片入手,吸引学生,拉近与学生的距离,进而抛出问题:我是怎么认识你们的?巧妙地导入新课。教学过程中的七嘴八舌话交往、敞开心扉聊朋友（任选物品来比喻你的好朋友）、来自咱班的调查、扩大交往说收获、外圈交往迎挑战等环节可以用富有创意、引人入胜等词语来形容，给我留下了深刻的印象。

二、真有能人

威海荣成王老师讲授的《生活中的风风雨雨》一课是安排在第一天上午的第三节。本节课主要设置了"走进刘伟、感受挫折—各抒己见、剖析挫折—合作探究、论辩挫折—故事接龙、提升挫折"四个大的环节，其中"人人争先、竞猜挫折"的环节极大地调动了学生参与的积极性，对"马航失联"这一案例的剖析与运用，不仅是对我对在场听课的所有老师都带来了莫大的启发，在"论辩挫折"的环节，老师对论辩要求的提出、问题的设计（同意双方观点的同学请站起来回答）可谓别出心裁。整个一节课不仅是全体学生全身心地投入和参与，就连在场听课的老师也被深深地吸引，老师对整个课堂节奏的把握也可谓急缓得当、收放自如，如行云流水，给学生和听课的老师以余音绕梁、意犹未尽的感觉，体现出老师高超的教学技巧和驾驭课堂的能力，当然背后离不开老师全面的个人素质和深厚扎实的基本功。

三、真有亮点

当然好课不乏只有这两节，还有不少，在此不再一一评述。可能一节课的整体水平不是很高，而每个老师的课堂上都不乏亮点，我想回味一下，或许对我们有所启发和收益。在讲授《生活中的风风雨雨》时，聊城韩老师自录视频《马有森的烦恼》案例真实引人，教师感情真挚，语言感人；在讲授《交往伴一生　一生在交往》时，泰安曹老师课例中李华的故事系列视频，没有台词，只有背景音乐，富有内涵，很有创意，值得借鉴；在讲授《挫而不折积极进取》时，烟台袁老师播放了江苏卫视《最强大脑》片段，最后提出的问题（李云龙的哭和徐沁烨的哭有什么不同？）很好；德州李老师对刘伟视频一例到底，挖掘分析到位，把视频中的精彩语言摘录出来供学生分析的做法值得学习；在讲授《我们的朋友遍天下》时，莱芜段老师每个环节的设置命名（共话巴山夜雨时——昨天的我；高山流水觅知音——今天的我；莫愁前路无知己——明天的我）很富有诗意和文化韵味。

四、真的也行

从某种程度上说，省优质课应该是级别很高的优质课了。这次省课评选中，我们有两位选手参加，我留意观察了参评教师的相关信息，我们是唯一一个县区出现两名选手的单位，这无形当中给我们增添了信心。我也亲身见证了两位选手的辛勤付出，当我得知我们两位选手分获一、二等奖的时候，对这个结果也还是比较满意的。从县到市、从市到省，一路走来，先后经历了一个半月可以说是炼狱般的磨砺，其中的酸甜苦辣她们自己体会得更加深刻。和她们一起奋斗道路上，我自己也得到了锻炼和提高。我们皆凡人，只要肯付出，真的也能行。

我相信，只要我们看到了这种种的"真"，凭着你我他的善人善举，未来的道路上必将还会绽放出更美的花朵。

效果 效率 效益
——谈课堂教学"三境界"

2014-09-20

这么多年的教学生涯下来，我在不断地追寻和思考，到底什么样的课才是好课？让我对以后的思想品德课教学产生了一些想法，期待着我去付诸实践，去努力追求课堂教学的最高境界。

一、加强学习，更新教育理念，提高课堂教学效果

"语言是思维的物质外壳"，任何一种行为背后都有其内在的思想动因。要想改进教育教学行为，先要转变教育教学思想和理念，否则，一切改革都是被动的，是不会有好效果的。要想有好的效果，自己必须有好的思想动因，正确的工作态度，所谓的"只要思想不滑坡，方法总比困难多"正是这个意思。而更新理念的最好方法就是学习，学习的方式方法有很多，如上网浏览查阅、订阅学科杂志、同事之间的交流研讨等，当然最重要的还是平时加强自我学习。

二、认真备课，精心制作课件，提高课堂教学效率

我们都知道，备好课是上好课的前提。当然，备课不仅仅是指有一个好的纸质备课，那仅仅是形式，更重要的是要有好的内容、科学合理的教学环节、贴近生活的趣味案例、难易适度的课堂练习等。当

然要想取得高效课堂的一个关键因素就是要辅之以高质量的直观实用的课件,这样可以缩短一些问题和环节的处理时间,提高课堂效率。另外,加强同一备课组内部的集体备课,可以相互借鉴,达到共同提高的目的。这些都是我们努力的方向。

三、改进教法,落实课程目标,提高课堂教学效益

我们思想品德课教学的目的一定要把眼光放长远,绝不能停留在一节好课或让学生取得一个好成绩的起点上。上一节好课可以说人人都能做到,学生考试时取得一个好的成绩也不难,关键是学生能否对我们这门课产生持久的学习兴趣和学习动力,能否把所学知识应用于实践,指导自己的生活,乃至影响自己的人生,那才叫有好的效益。而要做到这些,我感觉很重要的一点是研读课程标准,研究教学方法,让学生能通过润物无声的教育,落实好课程目标,尤其是情感、态度和价值观的目标。那样的课堂才是科学的课堂,才会产生持久的效益,才是富有生命力的课堂。

一节课有个好的效果不难,所谓"昨夜西风凋碧树,独上高楼,望尽天涯路",仅仅是我们课堂教学追求的基本要求;难的是同样的效果能在短时间内取得,那叫效率,"衣带渐宽终不悔,为伊消得人憔悴",只要努力也是可能达到的第二境界;而真正激发学生内在的学习动因,落实好课程目标,做到学以致用,影响深远,那叫效益,正是"众里寻他千百度。蓦然回首,那人却在,灯火阑珊处",这也是我们思品课堂教学追求的终极目标和努力的方向。

思想品德课堂教学常见问题分析

——从课堂教学看教学常规落实

2015-01-09

2015年的教学视导听课数量较多,思想品德共听课62节,在听课及与老师们的座谈交流中发现了一些课堂教学中出现的问题,想到了年初流行语,有了一种"上课虽易,上好课不易,且听且学,且上且珍惜"的思考。综观我县的思想品德课堂教学呈现以下十种情况或问题,从某种程度上也反映出老师们在落实教学常规方面不同程度地存在这样或那样的问题。可能自己理解得并不深刻,归纳得并不全面,阐述得也并不系统,希望窥斑见豹,能给同人们带来一些启示,也欢迎与诸位同人探讨交流。

一、校(地)域性

在教学视导进行到第五个单位时,我开始注意到这一现象:每个学校老师的课堂教学模式和教学方法有很大的趋同性,缺乏自己的个性与特色,导致学校之间老师课堂教学整体水平的差异性。这反映出一个学校老师的教育理念、学校领导的教育价值取向或学校教育文化的不同,也是各学校教学管理思想和对教学常规要求不同的具体体现。所以,作为思品课教师要经常走出去或者多自发学习学科前沿的东西,了解一下外面的世界,不断丰富自己的教育思想,更新自己的教育理念，发展充实自己的课堂，使自己的课堂教学更具个性与特色。

二、演绎与归纳

课堂教学过程中，为了证明一个问题或得出一个结论，难免会用到演绎法或归纳法。但什么时候用演绎法、什么时候用归纳法效果较好，是一个值得探究的问题。新授过程中，为了论证课本上的相关论点，往往需要通过列举事例、分析归纳得出结论，自然是用归纳法较好。但在这次视导听课过程中，发现有不少老师害怕得不出结论或分析过程不顺畅，却先让学生读课本明确结论或先给出学生结论，然后再象征性地给出事例让学生去分析，带上了很多演绎法的影子，结果导致分析归纳的过程完全流于形式，缺乏思维含量，更谈不上有生成。我觉得演绎推理的方法在复习课过程中帮助学生构建知识网络，加深对知识间内在联系的认识或对部分练习题的处理上应用应该更适合些。这种课堂教学方法的不同源自教师在备课时备教法的不同。而教师对课标、教材、学情的准确把握，对典型材料选取以及问题的设计，对学生分析过程中的种种预设及准确引导能更有利于教师教法的准确选择。

三、思维与生成

没有思维含量的课堂就不会有生成，没有生成的课堂是没有生命力的课堂。在听课过程中发现有的老师的课堂看似很流畅，学生参与积极性也很高，但给人的感觉是课堂教学比较肤浅、不够深刻，缺乏亮点、不上档次，究其原因主要是因为教学缺乏思维与生产。仔细分析，导致出现这种情况的因素主要有：（一）个别教师上重复课，学生没有新鲜感，也没有了学习的兴趣；（二）预习工作过于充分，学生对新知感觉不再"新"；（三）教学过程中该用归纳法而采取了演绎法，先告诉学生结论，固化了学生的思维；（四）问题设计带有明显的指向性或缺乏思维含量等。追求完美课堂可以成为我们的出发点，但完美无缺的课堂是不存在的，老师在课堂上不要怕出现问题或意外，问题或意外可能恰恰就是学生知识的盲区，学生往往就是在老师解决问题和处理意外的过程中收获新知不断成长的。这反映出老师备课时对"分析学生认知基础和情感基础，准确把握教学重点难点，预测学生的认知障碍等""重视教学活动的预设与生成"（《省中小学教学基本规范》第二十四条）及"处理好预设与生成的关系，创造性地使用教案"（《省中小学教学基本规范》第二十五条）等做得还不够充分、不够到位。

四、学案与课件

自学习昌乐二中"271"课堂教学模式以来，有部分学校在推广应用导学案教学。学案教学能提高课堂效率，但这种教学模式下学生形成的往往是"讲树叶"型散点式知识结构，提取起来是困难的，解决问题的能力是较差的。如何才能让学生形成"讲树林"型堆栈式知识结构（重视双基与提取），提高解决已知领域、已知问题的能力，并在此基础上形成智慧型知识结构，提高创新与设计能力？导学案用还是不用？如果用，如何用？是摆在我们面前的一个不容回避的问题。有了学案，课件不再发挥作用或把学案的内容搬到课件上使学案流于形式，为学案而学案，学案与课件的使用如何做到相互补充、相得益彰，是值得引起重视的一个问题。学案的内容和课件展示的内容尽量不要重复，以免造成资源浪费且让学生感觉无所适从。需要学生加深记忆或书写的内容可以在学案上体现，也便于课后给学生留下进一步学习和探究的载体。直观性或趣味性强的辅助学生理解或了解教材内容的相关视频、图片或文本等资料宜于通过课件来呈现。这恰是"选择恰当的教学手段、学生学习方式和教学组织形式"（《省中小学教学基本规范》第二十四条）对我们备课提出的要求。

五、材料与问题

案例材料选取的典型性和针对性是考查一位老师学科素养的一个重要方面,是一位老师对课本内容理解与挖掘是否到位的重要体现,问题的设计是否科学也是一位老师教学水平和能力高低的反映。本次教学视导过程中,在这方面存在的问题主要有:(一)材料选取与提出的问题关联度不大,为材料而材料;(二)案例材料选取缺乏典型性,把其他资料上的问题实行"拿来主义",不加改造,搬过来就用;[如刘老师在复习《师爱助我成长》一课时,在给学生出示一表格材料后设计了这样三个问题:(1)材料反映了什么问题?(2)如何解决材料反映的问题?(3)为了发扬尊师传统,我们应做出哪些具体行动?根据老师讲解出示的参考答案可以看出第(1)和(2)题的答案在内容上存在重复性,第(2)和(3)题在设问上也存在重复性等。](三)问题设计不够科学或不符合学生认知规律;[如王老师在讲授《人生追求无止境》一课时,设计了"话说人才"的教学环节:让学生带着三个问题观看关于许振超的视频,(1)许振超是不是人才?为什么?(2)请你给人才下个定义?(3)只有科学家、企业家、高素质技术工人等才是人才,对否?为什么?如果把(2)和(3)的顺序调整一下是否更符合学生认知规律一些。](四)同样的材料,问题设问的角度不同,有时候甚至是一字之差,导致学生思维的偏差或影响学生参与的效果。(如高老师在讲授《自己的事情自己做》一课时,在出示一段材料后,设计了这样一个环节:猜一猜:他该怎么做呢?会带来哪些后果?在当时的教学环境下,一个"该"字具有很强的诱导性,禁锢了学生的思维,甚至决定了学生答案的唯一性,第二问"会带来哪些后果"也就只是成了形式。如果把第一问改成"他会怎么做呢?"或"他是怎么做的呢?",把"会带来哪些后果?"直接改成"为什么?"我想对于发散学生思维,增加课堂的生成可能就会是另外一种局面。）出现这些问题的主要原因应归结于老师在备课时对教材理解不够透彻，教法设计不够科学，学情了解不够到位。

六、内容、学生与策略

不少专家认为：学科教学知识（PCK）最能区分学科专家与教学专家、高成效教师与低成效教师间的不同。我们在设计课堂教学时，把主要精力放在了哪里？是教学内容分析（学科中最核心的内容及其教育价值，这些内容之间的联系）？学生分析（学生在学习这些内容时可能出现的问题）？还是教学策略分析（帮助学生学会的教学策略）？很显然，有不少教师为了追求课堂教学的形式，把更多的精力放在了教学策略分析和教学环节设计上，忽视了对学生的分析研究，更不用说对教学内容的分析与挖掘了。这种只重形式不重内容的做法是舍本逐末的表现，往往也是导致课堂教学缺乏亮点、不够深刻的一个重要原因。

七、复习与新授

教学视导到了后期，有不少学校已经结束新授课程，进入复习的进度，所以也听了不少的复习课。在复习课教学中出现了这样几个问题：（一）为了能完成教学任务，课堂容量偏少，掺杂了不少新授课的教学环节，让人分不清是复习还是新授；（二）教学环节太多，时间分配不合理，完不成教学任务；（三）复习课的课型特点不明确，只是单个知识点的罗列或背题与检查，缺乏对知识结构的构建和知识间内在联系的讲解；（四）对知识原理的检查方式单一。检查有自查、互查、抽查等方式，采取哪一种或哪几种方式，才会有较高的效率和较好的效果，须根据每个老师平时自己的教学习惯及学生的学习习惯而定。留下印象比较深刻的是焦桥初中李老师和黄山实验初中赵老师的两节复习课。前者既有知识结构的构建与强化记忆，也有答题方法的归纳与讲解，选题不多但很典型，讲解透彻到位，给人的感觉是"实在且实用"；后者的亮点在于对知识结构的构建与整合及知识间内在联系的深刻讲解，体现出教师深刻理解与领会教材的过硬基本功，堪称"高大上"。

八、目标与效率

有那么几节课完不成教学任务或拖堂，也有那么几节课前紧后松或早早完成教学流程甚至提前下课。上课教师增强课标意识是我们在课堂教学中需要引起高度重视的一个问题。上课前要先学习和解读课程标准，根据课标要求来确定本节课的教学目标和学生的学习目标，进一步确定一节课的教学重点和教学难点，在此基础上去设计教学环节、规划教学时间、进行课堂预设。老师在课堂教学过程中，只有时刻增强课标意识和目标意识，心中始终装着教学重点和难点，根据课堂预设和流程，适时调整和调控课堂节奏，才能提高课堂教学效率。否则很容易造成走到哪里算哪里，出现提前结束课堂或完不成教学任务导致教学目标达成度不高的结果。

九、情感、能力与知识

《义务教育思想品德课程标准》（2011年版）在课程目标里面明确地规定了思品学科目标的表述分别是情感态度价值观、能力和知识。在听课过程中仍发现有的老师沿用以往错误的表述方法（情感态度价值观、过程与方法、知识与能力）或把表述顺序颠倒，这是不应该的。思品学科的学科特点和它承载的特有德育功能决定了我们在设计课堂教学时必须把情感态度价值观目标放在第一位，但是鉴于我们当前的教育形势，并不是就要忽视对知识目标的掌握。相反，我们对学生的情感态度价值观教育或能力培养是建立在以知识作为载体基础上的，从这层意义上来说，我们的课堂对知识目标的要求更高了。情感态度价值观目标和能力目标的达成是在传授知识过程中不断渗透和培养形成的，并不是因为你在课件上出示了学习目标就意味着你的课堂达成了目标，如何实现三维目标的有机统一并高效达成学习目标是我们思想品德课教师需要关注的一个永恒课题。

十、理想与现实

在与老师们评课交流的过程中，发现让老师们感觉很苦恼或困惑的一个问题，那就是不少老师不乏先进的教育思想和教育理念，甚至有很多种先进的教育模式可供学习与参考，为什么我们用起来不行，至少效果不那么明显，陷入了一种"理想的教育不现实和现实的教育不理想"的矛盾之中。面对这种情况，我们得首先承认这样几个现实性很强的问题：一是课堂教学本身就是一门充满遗憾的艺术，几节课共同的优点集中到一节课上不见得就是好课；二是无论什么样的教学模式都有其生长的气候和土壤，"橘生淮南则为橘，生于淮北则为枳"说的就是这一点，所以我们在学习利用的时候必须结合学校、学生与自身实际，采取辩证扬弃的观点。只有这样我们才能让先进的教育思想和教育理念落地生根，从而运用于自己的教学实际，指导自己的教学行为，形成自己的教学模式和教学特色。

仅是一家之言，敬请诸位同人批评指正，不胜感激！

谈优质课常态化

2015-01-09

"优质课能常态化？常态课能优质化？"其实这个问题一直是老师们热议的一个话题。优质课的实用性到底在哪里？有没有推广性？它和我们所说的常态课区别在哪里？把优质课常态化和常态课优质化的可能性到底有多少？下面结合自己的体会谈些肤浅的认识。

一、现状分析

凡上过优质课的老师都知道，上一节优质课是需要付出很大心血的，一般需要经过这样的过程：研读教材与课标、明确教学重难点、梳理教学内容、研究熟悉学情、确定教学思路、选择教学方法、收集教学素材、设计教学环节、制作教学课件、熟悉教学流程。在经历了这些环节后，教师才登上讲台进行试讲，然后根据自身的体会和听课老师提出的评课意见进行修改，甚至是要经过多次反复修改才能成型。根据常理，上优质课的老师付出了这么多，甚至凝聚了多人的心血，是集体智慧的结晶，优质课应该是我们平时课堂教学学习的榜样或效仿的楷模，为什么现实生活中反而不被部分老师接受呢？我想很多老师可能对优质课的认识存在以下几方面的误区：

（一）优质课重形式轻内容，不实用

为了调动学生参与教学活动的积极性，让学生不至于因长期保持一种学习或思维状态而导致产生枯燥乏味感，丧失学习的趣味性，从而影响学习的效率和效果，执教老师往往都根据学生的生理和心理特点设计了丰富多彩的教学活动，激发学生的学习兴趣，而这些可能会占用很多时间，影响学生对教学内容的记忆与掌握，故"不实用"。

（二）优质课重情感轻知识，见效慢

因为课标要求把情感态度价值观目标放在道德与法治课堂教学目标的首位，其次是能力目标，最后才是知识目标，所以执教教师在设计教学活动时，自然会首先把情感态度价值观目标放在第一位去考虑，而情感和能力是隐性、很难考查的，相比较而言，在知识目标的落实上无论是时间分配还是学生精力的占用肯定是比较欠缺的，知识则是显性、易考查的，故"见效慢"。

以上认识误区割裂了优质课和常态课的关系。然而为什么会产生这样的认识误区呢？在实际教学过程中，学校衡量老师教育教学水平高低的重要因素甚至是唯一因素是所教学生的考试成绩，学生与家长期望的和看重的也是考试成绩，这就引导着老师们平时的课堂教学把目标直接单调地指向了课本内容的记忆和知识目标的落实上。正是因为学生考试、教师考核的导向性导致老师们长期以来形成了一种追求急功近利的以"背练"为主要特征的常态课教学模式，它的所谓"实用性强"和"见效快"我想也是从这层意义上来讲的。但这种所谓的"实用性强"和"见效快"是建立在无视学生身心发展和认知规律、无视课标要求和教学规律、无视教学方法和学生学习兴趣，甚至是无视国家育人目标和要求基础上的。很显然，老师们对一节好课的标准是明确的，只不过是在被学校、家长的要求与期望所扭曲，被考试、考核所绑架的现实下不得已才形成了这种"常态课"。

二、策略分析

我们经常讲"高效课堂"，这其中的"效"主要指的是什么：效果？效率？还是效益？这是一个值得我们思考的问题。我们道德与法治课教学的目标一定要把眼光放长远，绝不能停留在一节好课或让学生取得一个好成绩的起点上。关键是学生能对我们这门课产生持久的学习兴趣和学习动力，能把所学知识应用于实践，指导自己的生活，乃至影响自己的一生，那才叫有好的效益。而要做到这些，我感觉很重要的一点是研读课程标准、研究教学方法，让学生能通过润物无声的教育，落实好课程目标，尤其是情感、态度和价值观的目标。那样的课堂才是科学的课堂，才会产生持久的效益，才是富有生命力的课堂，才是符合"立德树人"这一要求的课堂。

一节课有个好的效果不难，所谓"昨夜西风凋碧树，独上高楼，望尽天涯路"，这仅仅是我们课堂教学的基本要求；难的是同样的效果能在短时间内取得，那叫效率，也谓"衣带渐宽终不悔，为伊消得人憔悴"，这是只要努力也可能达到的第二种境界；而真正激发学生内在的学习动因，落实好课程目标，做到学以致用，影响深远，那叫效益，正是"众里寻他千百度。蓦然回首，那人却在，灯火阑珊处"，这才是我们道德与法治课堂教学追求的终极目标和努力的方向。从这个意义上说，我们所谓的"常态课"必须要改。

（一）贯彻课标要求，树立正确的育人观是前提

《义务教育思想品德课程标准》（2011年版）在前言里面明确规定："思想品德课程……旨在促进初中学生道德品质、健康心理、法律意识和公民意识的进一步发展，形成乐观向上的生活态度，逐步树立正确的世界观、人生观、价值观。"课程基本理念也明确规定："帮助学生过积极健康的生活，做负责任的公民是课程的核心"，"坚持正确价值观念的引导与学生独立思考、积极实践相统一是课程的基本原则"。要想贯彻这些要求，必须树立正确的育人观。我们不乏先进的教育理念，关键是如何把先进的教育理念落实到教学工作实践中去。就像学生的情感态度价值观的培养一样，这是思想工作，思想通了，一通百通；思想不通，一窍不通，所以说这是前提。

（二）增强责任意识，认真备好课是保障

从学生发展的角度去考虑，从国家社会发展的角度去考虑，增强责任意识，积极寻求常态课向优质课转变的有效渠道。备好课是上好课的前提，只要心中有课标、有目标、有学生，每一节课都当作优质课去准备，至少朝着这个方向去努力，去经历准备优质课所需走的过程，结合我们教学实际，适当增加有关知识目标达成与落实的教学环节，做到情感、能力和知识目标三者兼顾。只有这样，学生的兴趣有了，能力提高了，才能达到不为知识而赢得知识、不为成绩而赢得成绩双赢的结果，切不可只为知识而知识、为成绩而成绩，那样时间长了，学生的情感得不到培养，能力得不到提高，学生丧失了学习的兴趣，可能出现教学被动的局面与事倍功半的后果。

（三）转变教师观，建立科学的教师考核制度是基础

什么样的老师是好老师？如何全面科学地考核教师？树立起正确的教师观，修改完善课堂教学评价标准，建立起一整套科学的教师考核制度，让老师们明确教师的职责不仅是教书，更重要的是育人，对老师们做出正确的引导，是成功实现常态课优质化的重要基础。

（四）转变学生观，改革考试制度是关键

什么样的学生是好学生？我们应该培养怎样的学生？考试成绩好的学生不一定是最优秀的学生，树立起正确的学生观，改革考试制度，把综合素质评价引入对学生的考核机制，不仅是对老师，也是对学生、对家长形成一个正确的导向，这是实现优质课常态化和常态课优质化的关键所在。2017年起全面推进的《国务院关于深化考试招生制度改革的实施意见》对高考的内容、形式、录取、管理等环节进行了全新设计和部署，其中不分文理科，外语科目提供两次考试机会；高考计分3+3，自选科目看特长；学业水平要测试，综合素质入档案；取消艺体特长加分，省级加分不通行；回归全国统一卷，异地高考更有戏等变化对初中阶段的教学都将直接或间接地产生影响。

每一位道德与法治教师都要从国家的角度、学生的角度、学科的角度出发，增强责任意识，转变观念，精心备课，力争把自己的每一节课都打造成优质课，优质课常态化目标将不再是梦，培养出更多全面发展的优秀人才也将会逐步变成现实。

用好作业有讲究

2015-01-25

作业是课堂教学环节的延伸与补充，是学校教育教学的重要组成部分，这一环节利用的好坏与否很大程度上影响着学生的学习兴趣，关系着学科的教学效果，鉴于以上认识，科学地布置作业、科学地批改和讲评作业显得尤为重要，为此我们立项并开展了省课题"初中学生作业有效性与可持续发展研究"，力求在教学过程中充分发挥作业的功能，提高作业的有效性，让作业更好地服务于我们的教学，以实现学生学习的可持续发展。在实际教学中，我们从以下六个方面着手进行了相关的尝试与研究：

一、研读标准，深挖教材，把握重难点，提高作业的质

任课教师要把作业的布置看作课堂教学的一个环节，课时备课的重要组成部分。所以，备课前一定要仔细地研读课程标准，明确课程标准的要求，深入挖掘教材，把握教材的重点和难点，作业的布置必须是为教材的重点和难点服务，为课程标准的要求服务，为学生的发展服务，真正提高作业的质。

二、精选习题，科学设计，分层布置，减少作业的量

教师布置作业一定要从课堂教学的实际出发，从学生学习的实际出发，切不可凭着自己的主观臆断，作业布置切忌随意性。杜绝机械

性、重复性作业，精选习题，难易适度，要有梯度，增强作业题的典型性和代表性，甚至教师在布置作业的时候就能预测出学生的出错量和出错形式，增强作业的目的性和针对性。同时，教师要针对班内不同学生的不同情况，从作业的量和作业完成的要求上进行分层布置，具体情况具体分析，以减轻学生课业负担、激发学生学习兴趣和增强持久学习动力作为出发点和落脚点，把学生作业的量减下来。

三、转变观念，创新思路，拓宽渠道，丰富作业的形式

新形势，新标准，新要求，在作业布置上，教师要转变教育观念，创新教学思路，树立新型的作业观，拓宽作业布置的渠道。不要仅仅拘泥于布置让学生去"写"作业这一种形式上，可以布置以让学生增强自身体会和感悟为目的，从激发学生作业和学习积极性的角度出发，适当布置一些让学生动心、动脑、动嘴、动手、动腿的作业。不要仅仅拘泥于布置让学生个人可以单独完成的作业，可以布置以培养学生合作学习与交往能力为目的的几个人共同完成的作业。不要仅仅拘泥于布置让学生在学校或家庭这个狭小空间就能完成的作业，还可以布置以培养学生探究实践能力为目的的走向社会这个大空间的实践性作业。以此来丰富作业的形式，让学生得到多方面锻炼，全面提高综合素质。

四、及时批改，加强沟通，增进交流，增强作业的功效

如果作业只布置不检查、不批改，将会丧失作业的作用，甚至有可能会导致学生不做作业。作业布置以后，教师一定要及时批改，做好反馈。当然不同的学科、不同的学生、不同的作业，应批改多少，如何去批改，是否写批语，批语应该怎样写、写多少，如何去评价等，要因人而异、因时而异、因情而异。要通过批语交流、集体面批、个别面批等多种形式和学生（既包括作业出现问题的学生，也包括作业优秀的学生）进行沟通和交流，从而切实发挥好作业应有的效果。

五、加强分析，总结共性，注重反馈，搞好作业的讲评

作业批改完成之后，教师一定要进行情况分析，总结出存在的共性与个性问题，做好反馈与讲评，否则这次作业的作用就没有达到，甚至在此之前无论是学生还是教师的付出可能都化作无用功，因为，学生是在不断改错中逐步取得进步的。所以，作业的反馈讲评是实现作业目的、真正发挥作业作用的最关键环节。做得好的要表扬，激发这些同学的学习热情，他们受到鼓励，会增强学习的动力，以后会做得更好；做得不好的在课堂上讲评反馈时一定要讲存在共性的问题，对大家都有借鉴意义。至于个性的问题，最好通过单独讲解的方式处理，否则，对于大多数同学而言可能只是浪费时间，影响课堂讲评的效率。

六、及时改错，正确归因，科学梳理，用好作业的结果

作业讲评完成之后并不意味着这次作业就结束了。教师反馈讲评之后，学生如果不及时改错，不作出对错的分析，不进行正确归因，这次作业的目的可能只达到了一半。这也是为什么会产生在教学过程中许多老师一直抱怨的一个问题：这个题已经做过了，甚至做了不止一遍了，怎么还出错？对于容易出错的比较典型的一些题目，教师要引导学生改错归因后学会做好标记，进行科学梳理，增强复习的针对性，提高复习的有效性，从而节约复习时间，提高复习效率。所以，能否用好出错作业的这个"果"，是关系着一个学生学习能否取得进步的重要因素，也是一个学习方法问题。

为了提高教育教学质量，促进学生全面发展，我们要正确地认识作业、创新地布置作业、有效地批改作业、科学地评价作业，注重学生主体作用的发挥，尊重学生的个别差异，让作业结合《标准》，结合生活，结合实践，张扬学生的个性，提高学生的学习能力和知识水平，使作业真正取得理想的质量和效果，从而提高教学效果并实现学生的可持续发展。

课堂上，老师不要太任性

2015-04-16

昨天应某中学的邀请，教研室一行8人到毕业班听课指导。我所听两节课的内容是一样的，都是月考试卷讲评，第四节与老师们评课交流了一节课的时间，颇有感触。

说实话，两节课效果都不好：课前老师对学生每个题的出错情况没有统计，退一步讲，即使不统计至少也缺乏了解，哪些题需要统一讲，哪些题小组合作或个别指导就行，老师没有做到心中有数，讲评起来自然缺乏针对性。很明显老师对讲评课的课型结构不明确，或者是课前备课准备不充分，不觉产生了这样的疑问：课堂上，老师心中应该装着什么？

一、老师心中要有学生

我们经常讲备课要备学生，备学生的生理心理特点，备学生已有的知识储备和生活储备等。我想关键一点是老师应把学生放在什么位置上：被动地听还是主动地学？被动地记录还是主动地思考？有些工作老师是不能替代学生的，如当学习是一种经历或情感体验时。课堂上应该让学生能够思维，让学生积极参与，给学生犯错的机会，不要害怕学生在课堂上犯错，这个时候犯错，是为了将来考试时不再犯类似的错误。

二、老师心中要有教学目标

这节课你确定的教学目标是什么，计划让多少学生掌握哪些知识，掌握到什么程度，老师要根据这一目标去设计教学环节，组织教学活动，安排教学时间。当这节课结束时，老师都要反思自问一下：我的教学目标是否完成了？完成了多少？问题出在哪里？如何调整与改进？一味任性讲下去，不管学生的学习状态，不管目标达成与否，是不负责任的表现。

三、老师心中要有教学重点

每节课有每节课的教学重点，为什么把它确立为教学重点，如何突出教学重点，都是老师在课前备课应该考虑的问题。课堂上老师心中有没有时刻装着教学重点？在时间安排上有没有倾斜？在众多问题中有没有把它摆在优先或突出的位置上？一节课下来，有多少学生能掌握？都应是老师在课堂上时刻关注的问题。

课堂是老师的，更是学生的，学生是主体，老师是主导，但课堂教学行为老师要精心设计，切不可随意而为，太任性。

提问有法 设计有"度"

——例谈思想品德课堂教学中问题设计的技巧

2015-12-10

学起于思,思起于疑,疑解于问。教学是一门艺术,而课堂提问是组织课堂教学的中心环节。构思巧妙的问题是诱发学生思维的发动机,能开启学生思维的大门,激活学生的思维,启发学生去探索,去发现,从而获得知识,提高课堂教学效率和师生情感的交流,优化课堂教学。反之,则会使学生厌烦,课堂枯燥乏味,从而大大影响课堂教学效果。因此,教师在设计问题时要巧妙合理,力求精当,要有明确的目的,紧随所学关键内容,紧扣主题,以点带面,并有一定的思考价值,从而服从并服务于总的教学任务。

设置情境或分析材料是思想品德课教师在课堂教学中经常采取的一种教学方式。情境或材料设置出示后问题设计的不同往往关系着课堂教学效果的不同。现就在听课过程中出现的类似问题举例说明之。

一、问题设计的角度不同关系教学效果的不同

身份不同,责任不同。一个人在生活中所处的角色不同,也决定了他考虑问题和处理事情的角度与出发点是不同的。所以,在情境分析中问题设计的角度不同,导致学生所处的角色不同,将直接关系着学生分析问题的出发点和思路,从而影响课堂教学效果的不同。

张老师在讲授《竞争不忘合作》一课时，设计了"身临其境"这样一个环节：期末考试前，一个和王刚成绩不相上下的同学向王刚请教几道数学题，数学是王刚优势学科，却是那个同学的薄弱科目，而这几道数学题是老师考前一直强调的。结合你对生活的观察和体会，假如你是王刚，你会如何做？学生在课堂上对该问题的回答几乎是关于"王刚帮助同学解决疑难问题，体现竞争不忘合作"的说法，答案唯一，气氛沉闷，超乎老师的预期。在评课时，帮张老师分析了原因，出现这种情况不在于学生，而在于老师对问题的设计缺乏科学性。我让她把问题重新进行了修改：结合你对生活的观察和体会，猜想一下王刚是怎样做的？第二天再听这节课时，面对这一问题，学生回答问题的踊跃程度提高了，答案的形式也多样化了，既有了正面的答案，也有了很多反面的答案，课堂上有了生成，充满了生机和活力。同样的材料，问题进行了简单的修改，效果截然不同，主要原因在于前者的问题"假如你是……"，把学生的身份定义成了第一人称，又加上老师的渲染讲解和学生的虚荣心作怪，框住了学生的思维，导致学生的思路狭窄，答案只有正面的，没有反面的，这是不符合生活常识的。而后者是让学生去"猜想一下……"，学生仍是以第三人称的身份去面对问题，看起来没有掺杂自己的主观意志，学生能敞开自己的想象，跳出原有的思维定式，从而回答出了既符合生活常理又形式多样的答案，课堂上有了生成，收到了较好的效果。

田老师在讲授《我们向往公平》一课时，出示了这样一则材料：2009年7月，受金融危机的影响，上海嘉定区某公司停产，包括丽娜叔叔在内的34名农民工工资、保险共计55万元被拖欠，他们几次到公司讨要得不到解决。交流：农民工受到公平对待了吗？猜想34名农民工可能会怎么办？田老师没有直接问34名农民工应该怎么做，而是让学生去猜想他们可能会怎么办，拓宽了学生想象和思维的空间，农民工的做法无论是合法的还是非法的，都有利于老师得出"公平有利于社会稳定"和"应正确对待社会生活中的不公平现象"的结论，反而正反论证，相得益彰，加深了学生对课本知识的理解。问题设计的角度不同将影响学生的思维，从而影响教学效果的不同。问题设计的科学性和艺术性就在于此。

二、问题设计的深度不同决定教学效果的不同

北京外国语大学附中校长林卫民在《追寻"深刻"的课堂教学》一文中提到：学科教学不够"深刻"是摆在我们面前的现实问题。如果教学只是让学生复述教师或教材所说，这样的结果对智慧无大裨益。课堂教学要把重点放在学科知识的"关键属性"上，教师要把学生的注意力从教师身上转移到学生身上。要想使课堂深刻，必须有深刻的问题做支撑，抓住思维引爆点不断设疑，层层深入，激发学生的探究欲望，引领学生积极探索与思考，从而提高学生分析问题、解决问题的能力，同时也增强自己课堂教学的吸引力。

在我县组织的课堂教学大赛讲授"交往讲艺术"一课时，三位老师同时运用了"请客"这则材料：有个人请客，看看时间过了，还有一大半的客人没来。主人心里很焦急，便说："怎么搞的，该来的客人还不来？"一些敏感的客人听到了，心想："该来的没来，那我们是不该来的啰？"于是悄悄地走了。主人一看又走掉好几位客人，越发着急了，便说："怎么这些不该走的客人，反倒走了呢？"剩下的客人一听，又想："走了的是不该走的，那我们这些没走的倒是该走的了！"于是又都走了。最后只剩下一个跟主人较亲近的朋友，看了这种尴尬的场面，就劝他说："你说话前应该先考虑一下，否则说错了，就不容易收回来了。"主人大叫冤枉，急忙解释说："我并不是叫他们走哇！"朋友听了大为光火，说："不是叫他们走，那就是叫我走了。"说完，头也不回地离开了。这则材料对我们来说非常熟悉，但不同老师采取不同的处理方式收到的效果却不一样：

教师1：看完这则材料，你有什么感想？

教师2：不出示材料，让学生以小品形式表演《请客》并谈感受？

教师3：先不完全展示材料，而是让学生猜想"主人"在不同情境下说了怎样的话（画线部分），然后将材料分三次陆续展示其带来的不同结果，由此可以得出什么结论？请你为主人留住朋友出主意？

三位老师运用这则材料的目的都是为了处理"学会表达"这部分内容，第一位老师在学生简单回答后非常"顺利"地得出了想要得出的结论。第二位老师变换了方式，让学生用表演的形式替代了用文字展示的形式，活跃了课堂气氛，发挥了学生的主体作用，但是由于学生表演后没有出示关键性台词，后面分析起来缺乏依据，增加了分析的难度，结论的得出不是很顺畅。第三位老师对材料的运用显然具有创造性，第一问里面让学生去猜想"主人"在不同情境下说了怎样的话，大大激发了学生的想象力，调动了学生的思维，活跃了课堂气氛，促使了课堂生成。很明显，在此基础上得出的结论会给学生留下更深刻的印象；接下来的第二问让学生"为主人留住朋友出主意"，是在第一问基础上的深化，是对故事的延伸和再利用，充分挖掘了故事蕴含的教育价值，真正实现了《课程标准》中"掌握基本的交往礼仪与技能"的要求，有助于能力目标的达成与落实。同一材料的使用却取得不同的教学效果，主要原因在于教师针对材料设计问题的深度不一。

三、问题设计的高度不同影响教学效果的不同

美国教育家苏娜丹·戴克说："告诉我，我会忘记；做给我看，我会记住；让我参加，我就会完全理解。"价值观的树立不是靠简单的灌输就能奏效的，而要关注学生情感体验和内化。这就需要借助于一定的教学情境，引导学生自主体验，在体验中感悟，在感悟中成长，使德育真正内化于心，外化于行，自觉建构正确的价值观念；同时，也

促使学生在价值选择的活动中提高能力,掌握价值选择的正确方法。

　　李老师在讲授《为正义高歌》一课时,出示材料:王强平时为人豪爽,爱打抱不平。一次,他的同班同学小王受到外班同学的欺负,他马上领着几个人找到那位同学"理论",并把那位同学痛打了一顿,为小王"报了仇"。为此,王强受到了学校的纪律处分。学生交流:(1)王强等人的行为错在哪里?(2)辨析:有同学认为,王强为了朋友两肋插刀,是正义之举。在第(1)问里面老师的提问及学生的回答已经给了学生明显而强烈的信号:王强的行为是错误的,是非正义的。在这样的思维认知基础上,再让学生去辨析王强的行为是否是正义之举,已经失去了问题设计的价值,也就不再具有可辨性了,从而使问题设计和学生活动形式化。这种问题的设计缺乏科学性,是不符合学生认知规律的。这样的课堂教学看似充实,按照教师的预设,很好地完成了教学任务,但学生缺乏自己独立的人格和真正的思考,华而不实。

　　耿老师在讲授《为正义高歌》一课时,出示材料:1985年8月,28岁的方俊明为救一个假装落水的顽童,跃入河中,造成颈椎骨折,高位截瘫。颁奖词:纵身一跃,却被命运撞得头破血流。在轮椅上度过青春,但你却固执地相信善良,丝毫不悔。今天你不能起身,但我们知道,你早已站立在所有人的面前。问题:他的行为属于什么行为?他得到了什么好处?老师设计此环节的目的是为了让学生明确正义行为能得到人们的赞扬和支持,甚至获得"2013年度感动中国人物"的荣誉,但老师的设问带有明显诱导性和功利性,它传递给学生的信息是做好事或做出正义行为的目的都是为了一定"好处"才去实施的。方俊明最初救人行为的初衷肯定不是为了得到什么"好处",老师因为问题的设置且缺乏有高度的点拨,让学生产生了认识上的误区,偏离了教学目标,与《课程标准》所要求的"坚持正确价值观念的引导与学生独立思考、积极实践相统一是课程的基本原则"也不一致。

由此可见，教师提出问题的高度是影响教学效果的重要因素。

要想取得好的课堂教学效果，就要充分利用好材料这个载体，而在材料利用中问题设计的角度、深度和高度不同将直接影响着教学效果的不同。思想品德课堂教学中问题的设计要有一定的角度，角度体现思路；要有一定的深度，深度显示深刻；要有一定的高度，高度决定视野。只有具备了角度、深度和高度，才能显示出思想品德课的气度，彰显其境界。

明明白白我的心,渴望一份真感觉

2016-02-26

2015 年的教学视导,思想品德共听课 38 节,其中优课 27 节,良课 11 节,优课率为 71.05%。可能在全县教学研讨会上对去年教学视导课堂教学存在的问题进行了分析,老师们适应 2015 年的教学形势,遵循"花开自然,简中求道"的总原则,有意识地去避免以往出现的问题,又加上听课人数较之去年减少了一半,才会出现 2015 年优课率有所提高。即使如此,当前的思想品德课堂教学依然存在一些问题,现提出共同探讨:

一、导学案的编制与使用需要进一步科学规范

在 2014 年四个学校学习昌乐二中"271"课堂实行导学案教学的基础上,2015 年的导学案教学队伍得到了进一步的壮大,又有四个学校在学期初也派出部分骨干教师去昌乐二中进行了为期一周的蹲点学习,开始了轰轰烈烈的课堂教学改革实验。除此之外,还有两所初中自上学期就已经进行这方面的改革和实验,老师们没有机会到现场切实去感受这种课堂,只是根据听到的一些间接经验和网上接触到的相关材料进行一些"摸着石头过河"的改革。所以,粗算起来至少有十个单位在参与这项改革与实验。

老师们在课堂教学过程中反映出对导学案的编制不够科学、实用,直接影响导学案的使用效果和课堂教学效果。一是导学案的编制过于烦琐，程序较多、容量较大，编制的时候选题不够典型，没有考虑到实用，导致课堂上完不成相关程序或题目，进而完不成教学任务。二是导学案习题化，导学案的作用就是学生练习或课堂检测用。三是学案与课件的有机结合与相互补充仍存在比较普遍和突出的问题，不少老师做不到二者兼顾，要么有了学案课件基本不用，课件直观形象的优势功能得不到发挥，要么把学案上的内容搬到课件上，导学案放在一边成了废纸一张。出现这种情况的主要原因还在于任课教师的课前准备不充分，没有把导学案的编制及使用当作备课的一个环节，对课堂教学的环节设计及每个环节的处理方式、时间安排明显缺乏科学性和合理性，甚至是学生在这一环节有可能的表现预设不到位等。归根结底，还是我们平常所说的备课工作（备教材、备教法、备学法、备学生、备时间等）不到位所致。

二、教师的目标达成意识需要进一步强化

目标达成度是反映一节课课堂效率高低的重要标志。根据一年来市教研室几个会议传递出来的信息，对教学成绩已不再是"犹抱琵琶"，市教育局明确提出"名正言顺要质量，大张旗鼓要质量，聚精会神要质量"，从某种程度上告诉我们课堂教学对教学目标尤其是知识目标达成度的要求越来越高。

思想品德课作为学生道德教育的主阵地，情感态度价值观目标是要求始终摆在第一位的，而在这种形势下，对知识目标达成度要求的提高，且不说能力目标，如何实现这二者的兼顾，科学地拿捏处理好二者的关系，对老师们来说无疑是面临的一个新问题，也是这次教学视导听课中出现的一个比较普遍的问题，主要表现就是重视了情感，忽视了知识，学生在课堂上不能及时把所学知识及时掌握。这告诉我们老师在备课与上课过程中要心中装着课标、心中装着目标、心中装着教学重点、心中装着学生，科学合理地规划教学时间，充分发挥学

生的主体作用，适当增加学生记忆的时间，提高课堂上每一个教学环节的有效性，切勿不分主次，面面俱到，更不能忽视了教学重点，遗忘了教学目标，控制不好节奏，走到哪里算哪里，以确保课堂教学知识目标的高度达成与实现。

三、学生的良好学习习惯需要进一步培养

学生的学习习惯是影响教学成绩的重要因素。在听课过程中我有意识地注意观察课堂上学生的听课习惯，发现学生的学习习惯因校不同、因师而异。学校积极倡导下有良好的学风和校风，学生的学习习惯大都比较好；同一所学校因班主任或任课教师的要求不同，不同班级学生的学习习惯也有所不同。可以看出学生学习习惯的养成很大程度上取决于学校或老师要求达到什么程度。

学生学习习惯好坏与否在课堂上主要表现为能否做到边听边思、边听边记，思指的是思考，记指的是记忆和记录。从课堂表现和学生反应来看，大部分学校大部分班级的学生能做到认真听就已不错了，听的同时能做到思和记的就不多了。比如实行导学案教学的学校，学生在探究展示或老师通过课件讲解展示问题答案的同时能及时记录整理、补充完善导学案的并不多，大多数学校的学生都只是一味地听和说，记录整理不完的老师留作课下作业完成，用耳动嘴的比较多，用脑动手的比较少。这也启示我们培养学生边听边思、边听边记的习惯，当堂任务当堂完成，提高课堂教学效率，是我们老师应该需要努力完成的一项事半功倍的工作。

让我欢喜没有忧

——构建安全环境 打造生命课堂

2016-03-28

写在前面的话：在滨州市地方课程教学研讨会上，我作为我县《安全教育》教研员就安全教育的开设情况做了专题发言。为了能获得翔实的第一手资料，让发言更有针对性，我提前在全县各初中做了问卷并进行了分析。本文在发言基础上做了删减。

"爱到尽头，覆水难收。"多年来，我们追寻理想教育的步伐从未停歇。面对"开全课程开足课时"的刚性要求，却"为我平添许多愁"；面对"安全重于泰山"的教育底线，"多想说声我真的爱你"；面对我们熟悉的课堂，我只想说"就请你给我多一点点时间"；面对我们的学生，虽然"让我甘心为了你付出我所有"，可又"多想说声对不起你"；面对工作与生活中很多的"不得已"和"两难"，着实有点"让我欢喜让我忧"……

一、让我欢喜让我忧——当前教学现状

通过邮件，共收到来自13个初中43位老师的问卷，其中个别雷同者。问卷反映出如下问题：

1. 师资状况——不稳定

问题1：从事安全教育教学工作的年限？

半年至十年不等；开始有安全课至今（兼职）；实际上没有真正从事安全教育教学工作，只是在检查时偶尔做过。

问题2：你是专职安全教师还是兼职？如果是兼职，另一任教学科是什么？

设专职安全教育教师的有4处学校，根据教学视导了解到的情况应该比这个数量还要多一些。

其余均为兼职，另一任教学科涉及思想品德、语文、数学、英语、历史、物理、体育、信息技术等，其中以思想品德和班主任老师居多。

2. 课程开设情况——不容乐观

问题3：平时能否根据课程表正常上足课时？请谈谈具体情况。

教学过程中能根据课程表安排正常上足课时的有5处，不能正常开设的有以下几种情况：为应对中考初三下学期集中学习安全教育；最后临近中考时学校安排不超过3课时突击熟读记忆；平时上成思品课或思品课上给学生穿插一些安全知识；每周三下午第三节安全课；班主任班会、滨州市安全教育平台；实际课表没有体现，实行课程超市，间周上2节（大）课；被其他文化课瓜分取代或偶尔会上等——呈现出一种说起来重要、干起来次要、忙起来不要的现象。

3. 问题、困惑与办法

问题4：你认为当前安全教育的课堂教学存在哪些问题或困惑？应如何解决？

存在问题或困惑：（1）不存在课堂教学问题——因为不上课；无所谓；平时不上课，毫无体会可谈。（2）学校领导不重视，只是应付上级检查，就连新华书店配送的教材中都"砍掉"了安全教材，每周例行对学生进行简单的安全讲解与要求；或者只有在安全教育活动日、其他地方发生了特大安全事故的时候，学校才会向学生传达相关安全知识，没有创新的举措，更不会有效地使理论与实践相结合。学校对老师没有成熟的考评措施，对学生的考查方式也不够灵活。（3）学生不重视，在上课的时候学生偷着在做其他作业。（4）课堂教学中缺乏必要的器材或专门的安全教室，仅凭说教或几段视频已难以让学生"眼、手、脑"并用；有很多内容需要老师有很强的专业知识，如预防艾滋病、安全用药等，课堂上老师不敢随便上。（5）课堂教学形式单一，教学资料相对较少，教学的素材等有限，不能切合实际地进行教学，无法充分开展。（6）中考缺少相应的考试范围和考试要点指导。

解决办法：（1）配备专职教师。（2）加强教师培训，使教师专业化。（3）加强交流（包括网上），实现资源共享。（4）中考单独成卷或改成考查科目。

二、"多想说声我真的爱你"——《安全教育课程实施指导意见》（以下简称《意见》）解读

《安全教育》关系着生命健康，其重要性不言而喻。

首先，我和老师们回顾了《意见》出台的大致过程：2007年2月，教育部颁布《中小学公共安全教育课程指导纲要》（以下简称《纲要》）；2008年3月，省教育厅对义务教育地方课程进行了重新规划；根据教育部颁发的《纲要》和省教育厅关于加强地方课程建设的意见，结合我省中小学安全状况和教育教学实际，省教育厅出台了《意见》。

接下来和老师们就《意见》的各个组成部分逐一做了解读：

（一）"爱到尽头覆水难收"——第一部分　　前言

前言部分包括课程性质、课程的基本理念、课程的设计思路等，表述科学严谨，充满生活气息和人文关怀。可是如此规划如何才能将其变成现实呢？有点"爱到尽头覆水难收"的境地。

（二）"甘心为你付出我所有"——第二部分　　课程目标

课程目标分为总目标和分类目标。学生学习中一定要有学习的目

标，没有目标的学习不叫学习。学生有了目标后，开始搜寻信息，之后产生独立的见解，通过合作、探究式的交流，修正见解，再经过交流，最终达到我们原定的目标。所以我们在教学中一定要增强目标意识，无论是教学目标的确立，还是教学目标的落实与达成。而实际工作中，很多老师却并不在意，忽视了这一点。

1. 目标的表述

会上，我列举了各学科课程标准对各自目标的表述，并做了分类和对比。指出《安全教育》和《思想品德》课程标准对课程目标的表述是一致的，其表述分别是"情感态度价值观、能力和知识"。但在听课过程中仍发现有的老师沿用以往错误的表述方法（情感态度价值观、过程与方法、知识与能力）或把表述顺序颠倒，这是不应该的。

2. 目标的呈现

教学中有的老师呈现的是"教学目标"，有的老师呈现的是"学习目标"。"教学目标"对应的行为主体是教师，"学习目标"对应的行为主体是学生，行为主体的不同反映出一位老师不同的教学观和学生观。

3. 目标的定位

如何确定教学目标至关重要。应从三方面入手：一是仔细研究课标，二是深入分析教材，三是认真分析学生。

对一堂课进行正确的目标定位应遵循这样一种逻辑关系：第一，明确本框题课程标准的内容要求。 第二，分析教材内容，即本堂课要解决的核心问题是什么？支撑问题解决的学科知识有哪些？哪些是重点、哪些是难点？第三，分析学生需求，学生处于一种什么状况？学习本堂课对他们的成长发展有什么作用？

安全教育的学科特点和它承载的特有功能决定了我们在设计课堂教学时必须把情感态度价值观目标放在第一位，但是鉴于我们当前的教育形势，并不是就要忽视对知识目标的掌握。相反，我们对学生的情感态度价值观教育或能力培养是建立在以知识作为载体基础上的，情感态度价值观目标和能力目标的达成是在传授知识过程中不断渗透和培养形成的，并不是因为你在课件上出示了学习目标就说你的课堂达成了目标，如何实现三维目标的有机统一并高效达成学习目标是我们思想品德课教师需要关注的一个永恒课题。为了目标的实现，老师要有"甘心为你付出我所有"的境界。

（三）"为我平添许多愁"——第三部分　内容标准与活动建议

我列举了"校园安全教育"的内容标准活动建议和老师们一起学习，可以说是"内容标准"较高，"活动建议"很好，但存在一个很现实的问题，就是难以实现，从某种程度上可以说是"为我平添许多愁"。

（四）"给我关怀为我解忧"——第四部分　实施建议

我和老师们一起学习了"教学建议"和"评价建议"，分析了教材特点、教材编排体例和注意的问题，顿时感觉豁然开朗，又有了一种"给我关怀为我解忧"的收获。

三、"就请你给我多一点点时（空）间"——课堂

问题5：请谈一下一节优质的安全教育课应具备哪些特征？或安全教育的课堂教学应朝着怎样的方向发展？

让学生掌握必要的安全常识是安全教育的初衷和最终目的，一节好的安全教育课必须体现这一点。

我们安全教育课的目的一定要把眼光放长远，绝不能停留在一节好课或让学生取得一个好成绩的起点上。上一节好课可以说人人都能做到，学生考试时取得一个好的成绩也不难，甚至上不好课照样可以取得好成绩，关键是学生能否对我们这门课产生持久的学习兴趣和学习动力，能否把所学知识应用于实践，指导自己的生活，乃至影响自己的人生，那才叫有好的效益。那样的课堂才是科学的课堂，才会产生持久的效益，才是富有生命力的课堂。

一节好的安全教育课，应具备以下特征：（1）趣味性：寓教于乐，

让学生产生兴趣。（2）直观性：采用多媒体教学，提高课堂的现代化信息化水平。（3）时代性：理论与实际相结合，重视案例教学，案例要体现时效性（遵循"喜新厌旧"的原则）、生活性和典型性。（4）实践性：充分发挥学生的主体作用，贴近学生实际，解决生活中的实际问题。（5）思想性：思想上产生共鸣和震撼，切实认识到安全的重要性，增强自我保护意识，提高自我保护能力。（6）实效性：紧扣课标，符合学生认知，深入浅出，易懂易行，既能"走出去"也能"请进来"，不看花架子，看实效（不看广告看疗效）。

问题6：你认为怎样才能上好安全教育课？

在问卷过程中很多老师都在强调学校和学生不重视，而忽视了一点，我们任课教师自身是否引起了高度的重视。

在学校没有专职教师的前提下，抛开学校和学生的因素，我们要做到：（1）思想上热爱，情感上重视。（2）认真研读课标——《指导意见》，广泛收集材料。山东省教研室张彩霞老师在省骨干教师培训时曾说过这样一段话：我们必须严肃地研读课标，因为它体现了国家的期望；但是，只有高于课标，才可能准确地顿悟课标。我们必须虔诚地尊重课本，因为它凝聚了前人的心血；但是，我们只有高于课本，才能真正地读懂课本。（3）精心钻研教材，力求深入浅出。如在讲"怎样预防与应对校园暴力"这一课时，必须首先搞清楚到底什么是"校园暴力"（校园暴力是指在学校开展正常管理、教育期间，在校园内部及其周边地区，在师生之间、学生之间以及非学校人员与学校师生之间所产生的暴力行为，它属于社会暴力的一种。校园暴力是指发生在学校校园，由老师、同学和校外人员针对学生身体和精神实施的，达到某种严重程度的侵害行为。上海市教育法制研究咨询中心谭晓玉博士认为，校园暴力可分为广义和狭义两类。广义的校园暴力是发生在校园内的，由教师、同学或者校外人员针对受害人身体和精神所实施的、达到一定严重程度的侵害行为。狭义的校园暴力是指发生在校园或主要发生在校园中，由同学或校外人员针对学生身体和精神所实施的造成某种伤害的侵害行为。泉州市中级人民法院法官陈鹏腾认为所谓校园暴力是指行为人以校园为背景实施的暴力攻击行为。）如在讲"遇到挫折怎么办"一课时，首先要搞清楚什么是挫折。（挫折是指人们在有目的的活动中，遇到无法克服或自以为无法克服的障碍或干扰，使其需要或动机不能得到满足而产生的障碍。心理学指个体有目的的行为受到阻碍而产生的紧张状态与情绪反应。）不要让学生产生误解，不管生活中遇到什么问题或困难都是挫折。只有这样，才能做到深入浅出："深入"是水平，"浅出"是境界。（4）站在学生角度备课，走下讲台上课。（5）制定相应的评价机制（检测学生所学），调动学生积极性。（6）结合本地学生实际，凸显课程的地方性。

最后，与老师们共勉：对于安全教育（地方课程），我们虽然是"爱悠悠　恨悠悠"，但是我们不要"等到无法挽留才想起她的温柔"，面对众多的课程和考试，我们要"大胆说出我真的爱你"，因为她的要求不高，哪怕"只是给她一点点时间或一点点问候"。不要等事故真的来临的时候，"把我们一切都带走"了，你再"哭着说对不起"已经为时已晚，那时是真的"爱到尽头、情感已尽，难再续"了，也只会"给我们平添许多愁，独自泪流，独自忍受"。因为我们追求的是"让我欢喜没有忧"。

花开自然　简中求道

——在全县毕业班复习研讨会上的评课意见

2016-03-30

多年来，人们一直在讨论一个问题，就是一堂好课的标准是什么？什么样的课才算是一堂好课？不同的人有不同的理解和标准，虽然提法不一样但却有异曲同工之妙。胡云婉教授提出一堂好的思品课需要"有魂、有神、有序、有生、有色、有效"。冷洪恩教授提出一堂好课要做到以下几点：准备充分、组织有序、讲解清晰、充分调动学生积极性、师生配合默契等。省教研室周家亮老师则强调"五个充满"应是我们思想品德课的追求，那就是：（一）充满思想，让思想品德课"深刻"起来，要求有一定理论上的深刻性；（二）充满观点和规范，让思品课鲜明起来；（三）充满智慧，让思品课聪明起来；（四）充满尊重与关怀，让思品课"亲近"起来；（五）充满文化，让思品课"美"起来。

今天我们观摩了两节专题复习课。专题复习课的任务不同于第一轮基础知识的复习，是在第一轮复习基础上的深化和整合，主要任务不应再放在对基础知识和原理的记忆上了。根据这一原则，两位年轻教师在备课上下了一番功夫。下面就两节课谈一下自己的看法。

田老师执教的课题是《依法维权，共筑消费新生态》。从田老师的课堂上能看出这样几点：（一）教学流程已经程式化（包括对小组的竞争机制和激励性评价），走到每一步学生都明白自己应该怎样做，小组合作交流能落到实处，不流于形式，这是长期训练的结果，也是我们在教学过程中应该追求的目标。（二）学生在课堂上的听课习惯好，能做到边听边记（包括记忆和记录），边听边思，学生能深入思考，课堂上无论是老师与学生之间还是学生与学生之间有思维碰撞，所以教学上就有生成。这样的课堂才是充满思维的课堂、富有智慧的课堂、充满生命力的课堂。通过学生在课堂上提出的疑难问题和短暂的辩论，可以看出整个过程无不闪烁着思维碰撞的火花。这也正是我们要追求的有深度的课堂教学。（三）学生对知识的建构达到了一定的高度。相信听课老师都忘不了那位在黑板上板书知识结构图并进行讲解的女生，她对教材内容的理解和知识间内在联系的把握是不是能够与我们老师相媲美？（四）对学案的编写和利用值得我们借鉴。双语学校对学习目标流程的设计是有严格程序的，领导签字不是象征性的；听课过程中我们或许会产生疑问，目标流程中的一些问题老师并没有逐个进行讲解，而是对学生有疑问的问题进行讲解，所以看似题目挺多，却能在较短时间内处理完成，当然这是建立在学生小组合作交流真正落到实处基础上的，更是建立在教师充分相信学生、充分发挥学生主体作用这一教育理念前提下的。（五）对答题思路和线索（思想认识—法制建设—实践行动）的归纳还是比较到位的。这样的题目我们肯定做过不少，也讲过多遍，可当别人讲出来时我们既感觉理所应当又有些出乎我们的意料，我们是不是在讲课时也能戳破这层窗纱，往前再走一小步，实现由量变到质变的飞跃呢？

　　王老师执教的课题是《培养良好的心理和道德品质》。王老师的课在结构上与田老师的课略有不同，她把"知识整合　网络构建"环节进行了前置，利用课件把板书动态展示出来，对"心理品质"和"道德品质"的归纳，对"成长中的我""我与他人和集体""我与国家和社会"的归类，体现出教师对课标的理解和教材的把握，显得条分缕析，泾渭分明。我想这一点是我们在复习过程中需要引起重视的，也是值得提倡和学习的。学生在课堂上的学习状态往往是一节课成功与否的重要反映，王老师的课堂学生参与的积极性是高的，参与的面相对也是较大的，学生的学习状态也是很不错的。老师对漫画题和意义类题目的答题策略、解题技巧都及时进行了归纳，当然单凭一节课的训练肯定是不够的，需要在以后的讲课中不断地进行强化和验证，学生才能够真正掌握起来，成为一种能力。在"热点预测 限时训练"环节中对"请简要分析官东勇救落水乘客的原因？"这一问题的设计在表述上似乎存在一些生硬或不科学性，如果改成"请用课本所学内容简要分析官东勇救落水乘客的思想动因会有哪些？"或"请用课本所学内容简要分析官东勇救落水乘客的理论依据有哪些？"可能会更好一些。有一个问题长时间以来我也一直犹豫，就是课堂上对学生的任务分工，几个小组负责其中一个题会不会因不负责合作交流另外一个题导致学生在知识掌握上产生漏洞？但从昌乐二中及很多学校的课堂基本上都是采用这种任务分工的方法（当然大多数学校都是从昌乐二中学来的），或许适合的就是最好的，不知其他老师在实际运用过程中是否也遇到过这一问题，但愿我是杞人忧天。

　　两人在专题复习课里面的"体验中考"或"热点预测"环节都做了一些改进，那就是都以"成品题"或"真题"的形式呈现给学生让学生去体验，而不再是教师单纯地给学生指出考试有可能涉及的知识点。当然，题目的编写水平和质量还有待于进一步提高，我想这对于我们大多数教师而言可能也是一种考验。两位教师年龄尚还年轻，教龄也很短，更谈不上丰富的教学经验，所以上的课可能还略显稚嫩，比如在对课堂的调控上、在对课堂生成资源的利用上及在学生的参与面上等，尤其是在教师教学语言的抑扬顿挫、教学激情的发挥与学生情感的调动上还存在一些明显的不足，这也是她们需要不断磨炼和提升的地方。但她们对工作高度的热情、精益求精的精神和认真负责的态度是值得我们学习的。

崔峦先生说:"教学的最高境界是真实、扎实、朴实。"我们的教学要"简于形,精于神",不惧"教学素颜",努力实现常态课优质化。陶行知在《新教育》杂志撰文指出:"凡做一事,要用最简单、最省力、最省钱、最省时的法子,去收取最大的效果。""绚烂之极归于平淡",在课堂上,学生充分地说、投入地读、积极地想,这恐怕才是真正简便有效的方法。道家云:大道无形,稀言自然,无为而治。简中求道,是过程简约与结果高效的科学拿捏。它要求在教学中确立学习取向,教服从和服务于学,让学生有更多时间探究与发现,实实在在地经历知识生成过程;它要求教学过程坚定学生立场,教师让位于学生,让学生有足够的空间表现自我、展示才华,感受生命拔节的喜悦。

多年来,我们在追求这样一种境界:在平等对话中,使彼此的心灵日臻完善;我们在寻找这样一种课堂:充满美感和文化气息的课堂;我们在尝试一种改变:从关注形式的变化到关注教育理念的变化。

时间长了,产生倦怠是不可避免的;我们可以偶尔倦怠,但不能经常任性。我们做事应再用心一些,再精致一些。我们应多一些情怀,少一份功利,再真诚、纯粹一些。我想我们是能做到的,你说呢?

命题有感

2016-07-20

作为教研员，命题是一项很重要的工作。

每学期的期末考试命题对我都是一个考验，从试题的命制到答案及评分标准的制定，一份题至少需要一周的时间。逐字逐句地核对，一遍一遍地校版，仍担心会有差池，每每考到我们这一学科时，总是提心吊胆，唯恐有电话打进来询问试题情况。命制了三个年级七个学期的期末考试题，参与了2016年中考说明的编写和样题的命制，有不少收获和感触。

一是一个人的思路终归是有局限性的。在命题过程中偶尔吸收了个别老师的成果，对于开阔命题思路，增强试题及答案的科学性大有裨益，于是曾经产生过命完题后找人试做的想法，但是苦于领导每次都强调保密的重要性还是没敢去尝试。

二是对题目的表述和设问是大有文章可做的。比如选择题对题干的表述要力求简洁、准确，尽量减小学生的阅读量，对题肢的表述要科学，符合学生的认知水平，不能产生歧义等；材料题的设问更有值得考究的地方，尤其是设问的指向性是否明确，它将决定着参考答案的科学性。在本学期的参考答案制定上我体会很深，幸亏考完试后找老师做了一遍，在阅卷前又对答案进行了修改和完善。

三是对版面的校对马虎不得。记得七个学期的试题版面有三次左右都或多或少出现了一些问题，虽然有的不影响学生答题，但总感觉有些让人遗憾的地方，或给人以工作不够细致、不够到位的印象。

四是对答案的制定颇有学问。虽然教学过程中老师都要给学生画出问题答案，但在考试过程中鉴于背景材料和设问的实际差异，有些题目在答案制定上需要考虑到答案存在的可能性，力求全面性或必要性，争取尽可能地给阅卷老师提供参考，减少自由发挥的空间，以免因阅卷教师不同的理解甚至是因阅卷时间的不同带来评判的差异性和不公。

道法自然　且思且行
——山东省初中道德与法治课例展评有感

2017-04-10

2016年11月，山东省初中道德与法治优秀课例展评活动在聊城市实验中学成功举行，笔者有幸作为城区组评委参与了听课。为让"立德树人"育人理念落地生根，三天下来，老师们使出浑身解数，17节课可谓是亮点频出，各有所长，又如华山论剑，精彩纷呈，耐人寻味。

一、置身其中，现身说法，感动才能感染

道德与法治课作为德育课程，课程标准对课程目标的表述有别于其他学科，"情感态度价值观"目标是放在第一位的，这就要求任课教师在备课上课时要高度重视情感态度价值观目标的达成。

比如，李晓霞老师在执教《自尊自爱是我的需要》一课时，通过讲述因学生考试出错太多，自己的一句批语"错这么多，一年也改不完吧？"深深伤害了学生的自尊，从而"刺激"了学生，学生努力学习，取得进步。学生在毕业考上重点高中以后给李老师的一封信中才提及这些，让李老师深感自责，从而反思自己的工作，从此她注重尊重学生，保护学生的自尊心，逐步成为一名深受学生喜爱的老师。学生在感动中充分交流，找出"师生共同进步的原因"，这样李老师以自身的经历让学生感悟自尊自爱的意义，水到渠成地得出"自尊自爱是促使人不断向上的动力"这一结论。再如刘志宏老师通过深情展示"大宏故事会",激发学生情感共鸣,引导学生感知学习树立自信的方法,从而"扬起自信的风帆"。教师将自己置身课堂,现身说法,通过讲述自己的故事,走进学生的心灵,和学生产生情感上的共鸣,感动感染学生,传递给学生积极向上的精神力量,从而帮助学生过积极健康的生活,做负责任的公民。

课堂教学中,为实现情感渲染功能,课堂的提升很有必要。恰当地提升能够凸显教学高度,成为教学亮点,但过渡要顺畅,衔接要自然,且点到为止,不可盲目地联系,硬性地拔高。如讲"人生难免有挫折"可以由红军战士在长征途中积极面对挫折进行过渡,结合红军长征胜利八十周年进行提升,最后落脚于"每一代人有每一代人的长征路,每一代人都要走好自己的长征路。""人生是一次远征,我们应勇敢地投身风雨中,在挫折的考验中坚定前行!"而讲"扬起自信的风帆",如果不加过渡就提升到"中国特色社会主义的道路自信、理论自信、制度自信和文化自信"上,似乎给人以突兀的感觉,高度有了,落脚点没找好,脱离了本单元的生活主题——"生活告诉自己'我能行'",从而泛泛而谈,空洞无味。

情感态度价值观目标的达成具有渗透性和渐进性的特点,课堂教学需要找好切入点,服务落脚点。感动才能感染,心领才能神会,教师应置身其中,主导师生的心灵对话,让师生在思想深处相互碰撞,在精神层面相互鼓励,在灵魂深处引发共鸣,最终在平等的基础上实现视界融合、心灵互动和人格完善,顺利实现其育人功能。

二、贴近学生,联系实际,生活才能生成

初中学生逐步扩展的生活,尤其是在青春期的初中学生的身心发展特点是思想品德课程设计的基础,我们的课堂教学只有以此作为立足点和出发点,才会充分发挥和彰显我们学科的德育功能,体现课程的实践性。

本次课例展评活动，老师们大都能做到这一点。徐娜老师和王莉老师用所授班级学生的活动照片制成电子相册播放，一下子拉近了师生之间的距离，奠定了良好的情感基调。赵娜老师以完善"自尊自爱好少年——践行卡"为线索，分别从"对待自我篇""对待他人篇""人格国格篇"三个方面，引导学生通过分析自身、对比他人、维护人格、捍卫国格，层层递进，步步升华，指导学生做自尊自爱好少年。秦岭老师以设计"我的自信策划书"为抓手，以"认识自信—开启自信—见证自信—收获自信"的自信之旅为教学主线，以"展示自我—欣赏自我—提升自我—战胜自我—成就自我—超越自我"为学生活动主线开展教学活动，紧密联系学生实际，分析学生自身问题，交给学生树立自信的钥匙，培养学生自信的良好心理品质。

课堂上，学生不交流、不发言、不回答老师提出的问题，不配合老师的教学，不能实现良好的师生互动，是让教师最头疼也是很棘手的问题。仔细琢磨，问题的根源不在于学生，而在于教师，在于教师忽视了学情。作为初中学生，他们的知识水平、思想状况、生活经历等都是影响和制约师生互动的重要因素。所以，无论是教学活动的设计，还是教学问题的提出，都必须考虑到学生的实际，否则只能是纸上谈兵。

道德与法治教学所遵循的"贴近学生、贴近实际、贴近生活"的教学原则，归根结底是要"贴近学生"，贴近学生的实际生活。只有立足于学生生活，课堂充满着生活气息，才会拉近教师与学生的距离，激发学生参与课堂的主动性，积极思维，才会有新的生成，这样的课堂才是学生喜欢的课堂，才是富有生命力的课堂。

三、精选素材，触及心灵，心动才能行动

坚持正确价值观念的引导与学生独立思考、积极实践相统一是道德与法治课程的基本原则。学生思想品德的形成与发展，离不开学生的独立思考和积极实践，只有鼓励学生在实践中进行积极探究和体验，才能通过道德践行促进思想品德的健康发展。

在课例展评过程中，不少老师做得很好。葛长兰老师选取了青年歌手、中国励志演说家陈州的视频，虽然失去双腿，但没有失去做人的尊严，践行了他的"我不是乞丐，我是用歌声走路的人，我将唱出完整的人生"的格言，诠释了"自尊无价，自爱可贵"的道理。赵晓静老师选取了"玻璃娃娃"刘大铭受访的视频，一个个定格特写的镜头，一句句催人奋进的话语，让学生理解挫折内涵，体会挫折感受，感悟挫折的两面性，传递给学生在挫折面前应如何积极面对的向上力量。

当然，素材的选取与利用是一门学问。一段视频或一个故事蕴含的教育价值往往是多层次、多方面的，教师在选取时要力求典型性和针对性，在运用时要力求为教学目标服务，为学生发展服务，切不可泛泛而谈，忘了及时引导，导致教学跑偏。

教学中，教学素材的选用是否恰当、准确，它所传递的主要信息是否明确、展示的方式是否恰当、能否与学生产生情感共鸣等因素，都会直接影响到课堂教育教学的实际效果。而选取考究、剪辑科学、展示到位的典型素材，则充满着正能量，具有极强的震撼力和冲击力，能够触及学生心灵，打动学生，从而化成一股内驱力量，引导学生积极地进行道德实践，形成良好的道德品质。

四、研读课标，吃透教材，深入才能浅出

道德与法治的学科特点决定了教学的开放性，包括教学内容的处理、教学素材的选择、教学活动的设计、教学策略的实施、教学手段的运用等。

在课例展评过程中，执教教师都力求在教材提供的模板的基础上实现新的突破,如徐娜老师课堂上的情境表演《我要闪亮登场》、刘志宏老师的自信小剧场"我来当导演",让学生参与互动,体现了教学的主体性;王莉、霍能鑫等几位老师及时把神舟十一号航天员景海鹏等人的事迹材料引入课堂,体现了教学的时代性;秦玲、霍能鑫等几位老师对教材"自强的意义"的处理进行调整后置,体现对教材内容处理的灵活性;现场采访、心灵对话、问卷调查等教学策略的实施,体现出教学形式的多样性;感人的视频、动情的旁白、优美的图片、精美的课件,大大增强了教学的直观性和趣味性。

  在教材的处理利用上,我们也发现有的教师存在吃不透教材、挖掘处理不到位的情况。道德与法治学科教学内容的生活性决定了其开放性和不确定性,如无论是培养自尊、自爱、自信、自立、自强等的途径或方法,还是造成挫折的因素等,都绝不是仅仅局限于教材上列举的几点,不可过分拘泥于教材,而有的教师却忽视了这一点,忘却了陶行知先生提出的"生活即教育,社会即学校"的教育思想。总之,无论采取什么教学形式、选取什么教学素材、运用什么教学手段、组织什么教学活动、实施什么教学策略,都不能抛开课标、脱离教材,否则,就像断了线的风筝一样,飞得越高离教学目标的达成将会越远。

  深入是水平,浅出是境界。只有建立在仔细研读课标、认真吃透教材基础上的课堂,心中装着课标,心中装着目标,心中装着学生,才会收放自如,启迪学生思维,高度达成教学目标,培育学科核心素养,才是我们所要追求的绿色生态课堂。

  教学有法,教无定法,以学定教,贵在得法。道德与法治的学科特点和特有的育人功能,决定了我们只有仔细研读课标、认真吃透教材,精选教学素材、触及学生心灵,贴近学生生活、联系学生实际,必要时教师置身其中、现身说法,才能打造出形神兼备、术道兼修的课堂。

  浅薄之见,一家之言,只是不忘初心,怀揣道法自然的梦想,走在且思且行的路上。

多情的雨与不羁的风

2019-03-10

最美好的生活方式，是和默契且有正能量的人，一起奔跑在理想的路上，回头有一路的故事，低头有坚定的脚步，抬头有清晰的远方……

"草树知春不久归，百般红紫斗芳菲。"在这个百花齐放的晚春时节，我们参加山东省初中道德与法治教师素养提升暨大德育观视角下"道德与法治+"课程建设与实施研讨会。"好雨知时节，当春乃发生。随风潜入夜，润物细无声。"此次会议，应时应景，春夜喜雨般滋润着每个思政人的心田。

最好的往往都在最后压轴出场，会议的最后一天下午是观摩课。

作为全国优质课一等奖获得者的李某老师和陈某老师，听他们的课已经不是第一次了。

李某老师执教的是《情绪的管理》，没有华丽的课件，只有精彩的对话，在师生对话、生生交流中，李老师的课如春风化雨般娓娓道来，婉约大气，亲切自然，沁人心脾，给人以美的享受。原来，对话也有如此的魅力。

教育本质上就是人与人之间的交往，李某老师充分运用对话式教学，希望通过彼此的对话实现思想上和心灵上的对话。对话式课堂要求教师要有话题意识，对一节课要解决的问题始终有清晰的定位，课堂才能有方向感和边界感。对话式课堂是关注生成的课堂，对话本身所具有的开放性为生成留出了空间和余地，对话的目的是为了探索围绕目标话题我们已有哪些经验，这些经验可改进和完善的空间，在这个过程中，自然生成，逐渐接近达成目标。预设过多过密，过于精巧，会限制生成的空间。对话式课堂是放大细节的课堂，有细节课堂才会丰富而立体，在对话中传递善意和期许，于细节处释放课堂的温度，这就要求老师对学生要有发自内心的尊重和信任，有感同身受的体谅和包容。对话式课堂不是必然要求形成一致结论、终极结论的课堂，而是更加关注在对话过程中彼此经验的丰富和增长，它不是话题的终结，而应是启动思考的开始。对话式课堂不是一种模式，而是一种理念，所以，它在倡导对话的基础上，不拒绝任何先进技术手段和科学新颖的活动形式的自然融入。

李某老师的课如婉约派对话，娓娓道来，平和之中带来力量。但正因此，节奏稍慢，同一问题学生反复追问，可以看学生的课堂表现来确定提问学生数。初中教材设计情绪这一内容主要是让学生体验美好，但在克服烦恼方面用力过多。

陈某老师执教的是《在品味情感中成长》，整节课分为"寻味—回味—余味"三个板块，围绕"妈妈的唠叨、写不完的作业、和朋友在一起嗨"三个问题逐步展开，整节课天马行空，收放自如，教学设计有创意，在不经意处总能给学生以惊喜，教师的讲述、演唱功底深厚，讲哭了学生，唱哭了老师，在全体师生还在品味这种美好情感的意境中感到回味无穷意犹未尽的时候，课堂戛然而止，我们为他高超的课堂驾驭能力和幽默睿智的课堂艺术所深深的折服。充满情感的课堂，契合本节课的主题，情感态度价值观目标达成度极高，充分发挥了学科德育功能。

李某老师的课像多情的雨，陈某老师的课像不羁的风，张彩霞老师如是说，可谓恰如其分。

市课反思

2019-05-20

从 2006 年上完省课以后,就再也没有上过公开课或示范课。多年来,一直帮着别人准备课,指导培养了不少的年轻教师,市里开研讨会,突然又有了上课的冲动,到了这个年龄,有时候自己想想都有点可笑:老半吊子,外人看来可能更有些匪夷所思:受这个折腾干啥?

《生活需要法律》这节课在学校去年上过,无须做过多的调整和修改,可能是年龄大了,脸皮厚了,自然心理比较轻松,甚至最初都没有试讲的想法,还是孩子她娘说:面对全市的老师,万一讲不好多丢人,你得对全市的老师和市教研员负责。

周三下午讲完课,自我感觉良好。回想准备课的这几天,有这样几点想法:

一、课无止境,止于至善

本想以前的设计就可以了,仔细审视课件、认真阅读教材之后,还是感觉有些不尽如人意的地方,如幻灯片的背景设置、"借条"呈现形式、教材"探究与分享"的利用、某些幻灯片的更换与取舍、"扫黑除恶"等更富有时代性材料的增加、某些教学环节的重新调整、板书的设计等,为此在保持原有骨架的基础上,又对其进行了整容和化妆,试讲之后,在磨课过程中听取了同备课组老师的意见后又做了些修改。即使在讲课前一天晚上还又突发奇想,有了些灵感,重新做了些调整和完善。自己最大的感受就是一节好的课堂教学设计是没有止境的，在课堂教学的道路上不能有小富即满、小成即安的想法。

二、集体生活成就我

整个准备课的过程，从课件制作到听课磨课都得到了同备课组老师的大力支持和帮助，给我提出了很多富有价值的意见和建议。虽然自己多少有些经验，但往往是成也经验，败也经验，要想做到与时俱进，不被时代所抛弃，必须更新理念和思想，吸收年轻人的观点，这是这次上课过程中我体会尤为深刻的一点。范园园老师和吕锋老师给予了我莫大的帮助，内心表示感谢。正如我们教材上所讲：集体生活成就我。

三、节奏与旋律

上完课后，听到老师们一些反馈意见，自己要做到"行己有耻"，反思这节课还是有一些值得改进的地方：

其一，在课堂节奏的把握上还有进一步改进的地方，本节课题目就是"生活需要法律"，由于学生比较活跃，回答问题的积极性高涨，所以在处理第一目"生活与法律息息相关"时，耗时比较长。上课过程中意识到了这个问题，后半程的节奏稍微加快了一些，但留给学生原理朗读和知识记忆的时间少了一些，从而影响了知识目标的达成度，甚至拖堂了两分钟，感觉有些美中不足。其二，教师的课堂教学语言需要进一步锤炼，尤其是在准确性、简练性和情感性上需要下功夫，如果解决了这些问题，我想课堂的旋律会更美，教学目标的达成度会更高，学生的学科核心素养会更好地得到培育。

最后一公里

2022-11-18

共享单车解决了人们出行最后一公里的难题,"行百里者半九十",我们工作中也不同程度地存在"最后一公里"的问题,往往是这"最后一公里"成为影响老师们成功道路上的绊脚石,甚至是影响老师们发展的瓶颈。下面从"课堂教学"和"课题立项"两个方面谈些体会和看法。

一、课堂教学

最近除了参加学校教研组组织的听评课以外,还参加了邹平市教学能手评选和滨州市"强课提质　送教助研"的听课活动,大多都是同课异构。听课结束,反观老师们的课堂教学,真正意义上的好课屈指可数,有些老师的课乍一看不错,但经不住推敲,离一节好课往往就差那么一点点,同样是"最后一公里"的问题。主要表现为:

(一)教学(学习)目标的表述不科学。有的老师仍然沿用以往三维目标的表述形式,更有甚者还把三维目标的顺序搞错了;有的老师试图用核心素养目标的形式进行表述,结果表述不准确、不规范,读完整个目标不知道要培养什么样的核心素养。如有的老师让学生齐读"学习目标",在不长的几句话里面出现了几次"培养学生……"的句式,这些都是教师不学习导致缺乏学科专业素养的表现。

(二)教学环节的顺序不科学。有的老师一节课设置了很多教学

环节或活动，一个接一个，每个环节处理不充分、不到位，蜻蜓点水，停留在问题表面；有的老师从网上借鉴，采取拿来主义，不舍得取舍，甚者类似的活动相互重复；有的老师对教学环节理解不到位，把它放错了位置，影响了教学效果，如果前后调整一下就会收到截然不同的效果。这些都是老师对教学案例理解不到位、挖掘不到位从而导致运用不到位的表现。

（三）教学活动的处理不科学。同样的案例、同样的问题，不同的处理方式不一样，效果截然相反，相比之下，仍然是输在"最后一公里"。"当班干部需要付出哪些代价？会收到什么回报？"按说这样的题目源于学生生活，学生会比较积极活跃，但学生回答没有新意，气氛比较沉闷。评课过程中，我提到如果在这里把学生分为"代价组"和"回报组"，两个组先进行简单的讨论交流，然后展开竞赛回答，必定会激起一滩池水，引发课堂生成。这些是教师对教学活动理解不深入、为活动而活动的表现。

（四）教学案例运用不科学。同课异构，往往会出现不同的教师引用了相同的案例材料的情况，但不同的教师对案例材料的解读不一样，问题设计不一样，导致运用的效果也大相径庭，差课的问题所在同样是"最后一公里"没有打通。这主要是对案例材料的解读分析挖掘不到位的表现。在讲《敬畏生命》一课时，好几个老师都引用了关于"四川泸定地震"的视频，不同的老师设计不同的问题，不同的处理方式，收到的课堂效果不一样。第一位老师的问题是：看完视频后你对生命有了怎样的认识？让学生直接上升到理论谈认识，学生无从下手，气氛尴尬。第二位老师的问题是：观看视频，给你印象最深的画面是什么？教师的提问从感性入手，学生积极回答问题，老师在"为什么？""告诉我们什么？"的追问中完成了教学，效果很好。

二、课题立项

教育教学上的课题研究到底有没有价值和意义？有多大的价值和意义？长时间以来，有些领导和老师认为一点价值或意义都没有。可是，如果真的是这样，那从国家到省市县为什么还一级一级的每年都组织那么多的课题立项，倡导老师们去研究呢？难道他们都不懂？他们都是外行？我想肯定不是这样的。哲学上有个命题叫"现存的就是必然的"。从这层意义上来说，教育课题研究的存在是有其必然性的，肯定有其存在的价值和意义。无论是课程改革还是课堂改革，新时代、新形势、新课标、新要求，新的教育教学成果几乎都是课题研究的产物。

老师们对课题研究的原动力大多都是出于职称晋升的需要，如果没有了职称晋升这一项，我想课题研究也会冷落鞍马稀的。乍一接触课题，有不少老师觉得无从下手，产生一些畏难的心理。即使做出了"课题立项评审书"，评委老师看后也难以产生眼前一亮的感觉，获得立项的可能性也就不大。立项评审书都有规范的格式，好坏差别不在于形式，而是在于内容。主要表现为：

（一）选题缺乏实用性和时代性。如2022年11月在县级课题立项评审中，有的老师上交的课题名称为"线上线下融合式教学在小学语文课程中的实践研究""基于'疫情'背景下学生学习态度转变及学习效率提高的策略研究"，如果在2020年疫情暴发之初对线上教学进行研究就有很强的实用性和时代性，近三年过去，疫情接近尾声，线上教学很快将成为过去时，就已经没有了研究的价值和必要。

（二）课题题目表述不规范。如刚才提到的"基于'疫情'背景下学生学习态度转变及学习效率提高的策略研究"，课题字数太多，关键词太多；再如"'关注生活 抒发真情'小学生习作教学策略研究"中，"关注生活 抒发真情"就已经界定了"教学策略"的内容，有时候句子内涵太丰富将会导致研究的外延太狭窄，不利于后期的研究，后来在我的建议下改为了"小学生生活化习作教学策略研究",短小精悍,简明扼要。

(三)核心概念界定、阐释不到位。主要表现有二:一是有的老师撇开自己课题里面的核心概念去泛泛而谈,也就是说他不知道自己课题的核心概念是什么;二是对核心概念的阐述不够全面、科学,有些概念网络上对其解释有很多种,智者见智仁者见仁,不管与自己的是否契合,拿来就用。

(四)研究任务分工不合理。有些课题评审书对课题组成员的分工往往都是"资料收集""资料整理""撰写报告"等,没有触及课题研究的实质,试问你收集或整理的"资料"从何而来?又由谁去研究呢?

(五)研究思路不清晰。有的评审书对研究思路含糊不清、大而空,评委看不出一旦立项后你将如何开展研究工作,那么评委也就不会让你的课题获得立项的。

(六)预期成果不具体。因为研究思路不够清晰,往往会导致预期研究成果的表述也是含混不清,不够具体,具体科学的预期成果往往也是课题研究思路的明确的表现和反映。2020年初,我主持的课题"基于核心素养的疫情教育研究"获得了山东省"疫情与教育"专项课题立项,因为是特殊时期,通知要求结题时只需提交两项成果公报即可,我在立项评审书预期成果栏里预期了六项成果公报和一项研究总报告,分别是:《全民战"疫" 彰显中国力量》之政治认同篇,《奉法者强则国强》之法治意识篇,《疫情防控你我他》之公共参与篇,《此生一去不重来》之敬畏生命篇,《愿得此身长报国》之家国情怀篇,《不畏浮云遮望眼》之科学精神篇,研究总报告的题目拟为《积极渗透疫情教育 提升学生核心素养》。

如果老师们在以上这些方面稍作注意,打通课题立项的"最后一公里",你就离成功不远了。

| 第五辑 |

幸福随笔

青春不悔　生命无憾

2010-12-27

本想在今年的元旦联欢会上集体朗诵给全校的老师们，结果接到联欢会取消的消息，顿时感觉有点小小的遗憾。祝学校全体老师们再接再厉，再创辉煌，再谱新的诗篇。

时光如古木参天，摇曳着无数枚叶片，
看那一张张日历，在春夏秋冬中飘散。
不知不觉中，
我们送走了无数个黎明夜晚，
迎来又一个日光月色新的起点。
而今，时光的脚步又把新的一年送到我们面前，
现在的我们来不及把心口焐热的诗句仔细推敲，斟酌长短。
真不知为什么会有这么多倾吐不尽的情感，汹涌澎湃向外喷溅；
我们迫不及待地要把这美好的祝福捧到各位面前。
我们不曾读书破万卷，
也还没有走遍祖国的河山，
更没有鬼怪神佛赋予我创作的灵感。
我们只是千万教师队伍中的一员，
就像星辰属于夜空，草木属于大山。
年轻的我们，

用青春和热情，去坚持、去探索、去磨炼；
在前辈们的带领下，去沉思、去开拓、去呐喊。
说到这里，怎能不让人慨叹万千，
有多少老师为了教育事业披肝沥胆。
传道、授业、解惑是厅堂上孔夫子的画像，
文明因此而前进，
让一代又一代的人月夜推敲、清晨诵念。
而今，发扬传统，在务实中前进；
与时俱进，在创新中发展。
这是我们永远不变的信念。
不知多少个黎明，我们牵着朝霞做伴；
不知多少个黄昏，我们踏着晚霞回还。
滴滴汗水中，我们把教书育人的天职谨记；
满天夕阳里，我们只有对学生的殷殷期盼。
今生作为一名教师，还有何志何愿？
只希望在辛勤工作之后，
能够多一点欣慰，少一些遗憾。
青春不悔，生命无憾！
总有一天，我们也会两鬓斑白、迷蒙了双眼，
就让清辉不老的岁月刻下我们永恒的誓言！
我们要教会学生：
学真理，不欺、不瞒、不骗；
用真情，不腐、不烂、不酸；
似真金，不熔、不化、不软；
做真人，不疯、不癫、不懒。
理想如歌，创造如泉，身教胜于言传。
作为青年教师，我们一定做到：

不浮、不虚、不假，用真诚；

不媚、不谀、不谄，讲真言；

不炫、不妄、不夸，有真学；

不骄、不躁、不馁，是真干。

为了邹平的教育事业更好更快地发展，

让我们：

手拉着手，肩并着肩，

一起向着明天，向着太阳，向着辉煌，勇往直前，

为学校谱写新的诗篇！

缘

2011-08-26

经过一番筹备，8月20日我们组织了高中毕业20周年同学聚会，其中一个环节是每个同学发表一句感言。早晨醒来睡不着，我也在琢磨着到时候说什么呢？想了这几句打油诗，没想到结束后夏校长用毛笔给我题了出来，深感荣幸！

毕业匆匆二十年，中天上景得团圆；
天各一方互挂念，相见感慨万万千。
执手相看有泪眼，共同拥抱心相连；
激动心情难表达，在此送上三祝愿。
一祝老师身体健，二祝同学都美满；
三祝母校大发展，培养人才做贡献。
人生沉浮几十年，情真谊浓岁月炼；
今日相聚是起点，十年之后再相见。

孩子是父母永远的挂念

2013-02-13

很长时间以来,一直有种想把自己生活中的感动或感悟记录下来的冲动,由于种种原因未能开机如愿。今天闲在家里突然想写点什么。

孩子本学期的期末考试成绩很不理想,有点出乎我的意料,我和老婆也在思考和分析,并且咨询了相关人员,和她班主任老师做了较为深刻的交流,综合各方面的信息印证了我最初判断的正确性。孩子的思想出了问题,我们在积极寻求办法帮着她解决思想问题,我也深深地知道思想问题是最难解决的问题。人都是有思想的,而思想是深藏不露的,真正把工作做到思想深处是不容易的。思想不通,一窍不通,思想通了,一通百通,不用别人给她施加外在的压力,她自己就会充满学习的动力和热情。所以,在这种形势下,再一味地在学习时间上做一些要求起到的作用是不大的,只有时间没有效率会适得其反的,要调动她学习的内因才行。腊月二十六早早醒来睡不着,和老婆做出决定去趟济南,一方面散心购物,另一方面下午接在上海工作回家过年的弟弟,顺便让他带领我们去山东大学(弟弟的母校)游览一下,看能否激发起她学习的动力和热情。

一天下来还算比较顺利,也比较愉快,等我们回到老家已经不早了,吃了晚饭往回赶,没想到车开出村头不远竟遇上了大雾,整个路程就这样一阵看得见一阵看不见走了接近两个小时。来到邹平后,没有回家而是找一理发店和孩子理发,孩子还提醒:是否给爷爷奶奶打个电话？我说：电话不在爷爷奶奶睡觉的房间，比较晚了，爷爷奶奶可能睡了，算了吧。谁知仅仅过了几分钟，父亲给家里打座机没人接又打到我的手机上，我一看是家里的电话，就知道父母亲放心不下给我打过来了，问问是否已平安到家，顿时产生了一种想哭的冲动。平时父母亲睡觉比较早，当时已晚上十点钟了，他们却还未睡，而是在等着我打回去的电话，肯定是估计早该到家了，该打回电话去了，可是在未等到电话之后才给我打过来的。我已是四十岁的人了，可在父母心里仍是孩子，他们仍提心吊胆、无时无刻地不在挂念着孩子。反过来想想我们又挂念父母了多少，为父母付出了多少？

　　现在我的孩子能体会到我对她的付出吗？孩子是父母永远的挂念。

心态

2014-01-22

孩子上高三，学习压力大，精神紧张，在休息和学习过程中有什么异样的响声都容易受到干扰。前两天听她妈说因为同学写字声音大导致她不能安心学习，两人产生矛盾，因为孩子情绪激动，班主任老师给她妈打电话通报了此事。她妈和孩子做了交流，但并未提班主任老师打电话的事，这也是班主任老师的交代。昨天晚上去接她，一看表情就不对头，问起到底为什么，孩子也不说，只是抹眼泪。回到家后，经过再三询问还是因为此事。我和她妈一起做思想工作：1.要学会换位思考，同学的做法可能客观上对你造成了影响，但主观上可能并不存在故意。2.你的语言和做法可能让人受不了，试想如果是同学对你说了类似的话，采取了和你一样的举动，你会怎么做，会有什么反应？ 3.通过告知班主任老师或心平气和地去处理，才会有更好的效果，同学的做法是正确的，你的做法是错误的。4.当你不能改变环境的时候，你要学会去适应环境，在以后成长的道路上，你还会遇到很多类似的情况，慢慢地你就会明白很多事情是不以你的主观意志为转移的。5.遇到问题要学会反思和冷静，在做出一种行为之前要考虑到它的后果，并要为其负责。6.要学会调节和控制自己的情绪，调整好自己的心态，做竞争中的胜利者，如果因为此事耽误了自己的学习，从某种程度上你已经失败了。7.要增强自己的抗干扰能力，学会在各种环境下去学习和生活。8.吃一堑，长一智。在不断地处理矛盾和问题的过程中，不断反思，不断进步，你会一步步地成长与成熟起来。自始至终我和她妈一直在强调自己孩子的做法是错误的，同学的做法是正确的，旨在帮助孩子树立正确的价值观，学会正确处理问题的方法，树立强烈的责任意识。最终看到孩子逐步平稳了自己的情绪，接受了我们的观点，我们的心头也如释重负，感到轻松了很多。

对手与队友

2021-04-30

前几天和张某婷老师闲聊到课题的事，她说她一直在考虑一个问题，就是一个班级教师的配备将会影响到一个班级的整体成绩。我说：那是肯定的，多年以来，学校领导在给各班配备任课教师的时候，都是强弱搭配的，不会把优秀的教师安排到一个班级，也不会把较弱的教师安排到一个班级，那样对某些学生来说太不公平了。

过后，我再仔细琢磨这件事，老师所谓的强弱是怎么形成的呢？突然想到了一句话："不怕神一样的对手，就怕猪一样的队友。""猪队友"指总是拖队伍后腿、出卖队友、坑害队友的人。"不怕神一样的对手，就怕猪一样的队友"通常用来形容游戏团队配合的重要性。双方通过组队配合来取得胜利，如果期间有一个队友出现失误，可能会造成失败的局面。所以需要极强的团队意识，因此玩家常用"不怕神一样的对手，就怕猪一样的队友"来形容游戏团队配合的重要性。

所谓老师的强与弱是相对的。打个比方，一个班级的语文、数学、英语三科老师，语文、数学教师相对较强势，对学生要求严格，抓得紧，学生的精力是有限的，在语文、数学上投入的精力多，那么学习英语的精力势必就少，就会导致学生英语成绩差一些，时间长了，就给人留下该英语老师较弱的刻板印象。还有一个原因就是，同年级同学科教师的强弱也是造成一个老师强弱的重要因素，衡量一个老师教学能力高低的重要标志就是学科教学成绩，而这个教学成绩一般都是同年级同学科进行横向比较的，如果同年级同学科的队友都比较弱，那么自己可能就成"强"的了，时间一长，在别人眼里也会形成自己强的刻板印象，在这个意义上，相信老师们都愿意碰到"猪一样的队友"，因为猪一样的队友就是猪一样的对手。

课程与杂草

2021-09-23

从庄稼地里走出来的农民的孩子，种地种够了，来到城里没几天，不知是怀念过去还是怎样，某些人总想再种点，美其名曰回归自然。

早饭后尚早，跟着感觉来到了学校西部的操场自留地。荒芜的土地闲着也是闲着，于是，我校小学部教师带领学生开辟出来种植中草药，既是劳动实践课，又作为一门课程来开发，还能收获些许劳动成果，可谓一举三得。

种地是需要打理的，耕地、浇水、除草、施肥等，并不是埋上种子就完事。经过一个暑假的疯长，放假前的作物已经看不大着了，被富有强大生命力的"野火烧不尽，春风吹又生"的杂草吞噬了。远远看到有两男一女在里面劳作，是学校从劳务市场雇来专门除草的。我顺着铺好的石板路逐一观看竖起的每一个牌子，上面写着课程名称、用途及负责班级等，只是有的只剩下个牌子孤零零地直立着，即使还有苗的，也是七顶八不当的，要真是个农民肯定感觉很可惜，收成不好，一家人怎么过活啊？只是我们都不依靠它过活才成了这个样。

由此，我想到了我们的学生和家长。既然生了就得养，难不成家长将来不依靠他或学生自己甘愿被杂草吃掉而自生自灭。我们老师做教育也是如此，如果学生犯了错误不管不问或容不得老师管，任由他自由地生长，看看将来能出息成个啥。其结果一定是像这块自留地一样，只看见草，看不见苗。你说是吗？

信念
——写在封控隔离的日子

2022-03-24

这几天根据市教科院和学校会议安排，主要做了两项工作：一是起草了学校"线上教学经验交流活动实施方案"；二是和路霞共同完成了线上教学调查问卷的起草及落实等相关工作。除此之外，每天的日常工作就是备课、上课、批改作业以及配合防疫部门做核酸检测。

虽然足不出户，但通过网络、微信朋友圈等途径了解到我市的疫情防控形势非常严峻。昨天晚上，了解到中医院要进行全面消杀，哥因病在中医院治疗被集体拉出去进行隔离，一路都不知道要去哪里，家里人非常担心，直至到了目的地才知道是去了潍坊市一家医院，这才舒了一口气。听说妇幼保健院和中医院所有的病号和医护人员全部转移到外地医院，一些重症病号自己不能行动，利用救护车逐一进行转移，看到网友转发的视频里面，多辆大巴参与其中，网友跟帖说已经不间断地运两天了。这是得需要下多大的决心才能做出这样的决策？这又有多么大的工作量可想而知。上午，我还和妻子说，我们想都不敢想的事情却实实在在地在我们的生活中上演，作为一名中国人的自豪感油然而生，人们所说的"此生无悔入华夏，来生还做中国人"的信念更加坚定。

进行隔离截至今天，已经记不清是第几轮核酸检测了，据说至少需要做十轮。昨天晚上的小区群里就下发通知，说让做好夜间做核酸检测的准备，有的小区已经在凌晨左右开始了。由这些一遍又一遍的紧急通知，人们内心都在揣测当前的形势有多严峻，但疫情当前，无论理解还是不理解，广大社区居民都表现出了要积极配合的高度自觉，因为大家心里都明白政府这样做肯定有这样做的道理，我们居家没什么，广大医护人员才是最危险最累的，我们没有理由不支持不配合他们的工作。无意中刷到了外地援邹医护人员穿着防护服睡在体育场里面和半夜集结出发的视频，内心不觉涌出汩汩暖流，流出心疼和感激的泪水，有他们的支援，有党和政府的领导，有广大人民的支持和拥护，必将汇聚成不可抗拒的磅礴力量，把病毒消灭得一干二净。

不觉又想起了毛主席的《送瘟神》：春风杨柳万千条，六亿神州尽舜尧。红雨随心翻作浪，青山着意化为桥。天连五岭银锄落，地动三河铁臂摇。借问瘟君欲何往，纸船明烛照天烧。

不畏浮云遮望眼

——写在又一次线上教学的日子

2022-03-31

那一年，我任教初三毕业班。

这一年，我又是任教初三毕业班。

面对如此情境，时下形势让你不得不迅速将思绪拉回到两年前的今天，一系列的问题也接踵而至：利用什么软件进行线上授课？采取什么方式才能有效管控学生？原有的教学计划如何进行调整？事先计划好的教学内容怎样重新安排？课后作业如何进行设计、布置和反馈更有效？如何与家长进行有效沟通形成合力才能保证我们的教学效果？等等。结合自己以往的一些做法，做一简单的梳理。

一、课前励志心语（小故事），提高线上学习的积极性

2020年疫情期间，为了调动学生线上学习的积极性，提高学生学习兴趣，我收集了很多励志小故事应用于线上教学，如《孩子，最怕你后悔当初不曾拼尽全力》告诉孩子"世界最大的遗憾，莫过于：我本可以"。《现在不吃学习的苦，将来就要吃生活的苦》里面提到"孩子，如果你不爱学习，那就一定要知道：你用几年疯狂的青春，换来的只会是一生的卑微与底层"。再如《读书是我们与命运较量的唯一机会》《青春是用来奋斗的，奋斗的青春才最美丽》等鲜活的故事告

诉学生：读书，是寒门学子最好的出路！奋斗过的青春，才是最美丽的！为了上网课，在寒冷的冬天爬屋顶借用邻居网络的河南高三学生小通；每天都要步行几公里，在冰冷的悬崖边上一坐就是五六个小时的四川广元16岁女孩小杨等，对学生内心触动很大。我还整理了一些励志心语，告诉学生：孩子，宅家学习不是混日子，现在的你加倍努力，将来的你一定会感谢现在的自己。当你累了，别放弃，读读这句话：1.凡是让你一时爽的东西日后很可能会让你痛苦；2.学习本身就不是一件轻松的事，但学习最靠近成功；3.你应该心怀敬畏，行有所止……

这些案例材料有文字、图片、视频等，我重新进行编辑后放在课件的第一页，在每节课等待学生上线进行候课的时间就呈现给学生，学生阅读后，老师无须多言，做一简单的讲解和强调，就给这节课取得较好的效果奠定了很好的思想基础和情绪保障。现在我重新找出来进行再处理，又充实一些最近发生的案例，对学生同样有很好的教育意义。俗话说，磨刀不误砍柴工，做好学生思想工作，提高学生学习的内驱力，事半功倍，毕竟这种情况下，组织大于教学。

二、调整复习安排，提高线上教学的针对性

记得上次线上教学没有经验，新学期开学后面临着三轮复习的任务，在事先规划的第一轮复习两节课后，感觉复习效果不理想，随即进行了大胆的调整，我们跳过第一轮直接进入第二轮复习。没有第一轮学生对知识的储备，这样做看似不符合教学规律，我在第二轮专题复习过程中把用到的基础知识随即进行处理（实际上是把两轮合并成了一轮），在当时有限的时间和条件下，提高了复习的针对性和实效性。时下，两年前的情境又重新上演，我继续采用了这种复习方式。需要说明的一点，这种复习方式只是我的尝试，老师们可以根据学科特点、个人自身对教材及中考形势的把握自由选择，仅供参考。有一

点值得注意的是，线上教学必须要对内容进行调整，需要理解的老师可以在线上多做些讲解，力求让学生明白就行，至于需要检查记背、落实反馈的内容和环节适当调整到复学后的现场教学去完成。

三、取得家长配合，提高线上教学的实效性

学生居家学习，缺少了老师的监督和现场教学的氛围，取得家长配合的重要性，相信老师们都懂得，但如何才能取得家长的积极配合是关键。很多班主任老师都及时召开了线上家长会，我想说的是，当前这种形势大规模集体性的家长会可能效果不是很好，最好能对学生进行分类，每次几个家长，有针对性地分批次小规模地召开家长会，甚至是和学生家长单独交流，这样传递给学生家长的信息是老师格外重视自己的孩子，自然在心理上能取得学生家长的支持与配合。

记得2020年毕业的学生中给我印象最深刻的是我班纪某旺同学。他是一个挺聪明的学生，但他自我约束能力低，学习习惯较差，所以平时的考试成绩一般在班内20名左右，最好的时候能考到十五六名，属于那种典型的升高中在截流线上下浮动的学生，最初的担心是线上教学没有了老师的监督，他肯定是考不上了。谁知复学后的几次模拟考试一直到中考，他几乎都稳居班级前十，以优异的成绩考上了高中。后来我了解到，居家线上教学期间，父母亲付出了很多，一直监督他高质量地参加线上听课，保证作业的完成质量。从某种程度上说，纪某旺最后成绩的取得，家长的付出占了很大的功劳。

四、丰富教学形式，提高线上教学的真实性

2022年线上教学依然采用的是钉钉软件，上次用的是群直播形式，这次用的是视频会议在线课堂模式，功能和用途有些变化，但能通过屏幕看到学生学习的状态，并根据学生的表现及时点评和提醒，与群直播老师看不到学生"盲讲"相比，大大增强了教学的直观性和真实性。

线上教学不同于线下教学，师生不能面对面，教学缺乏现实性；相反，具有了网络交往的虚拟性。越是这种情况我们越需要采取多种教学形式，增强教学的直观性，以吸引学生的注意力，延长学生持续注意的时间，如利用课件通过图片、视频、变化字体颜色等，通过提问让学生思考、回答问题、师生互动等。如果老师只是一味地讲，长时间保持一种教学形式不变，势必会给学生带来视觉疲劳和心理疲惫，降低学生的注意力，从而丧失教学对学生的吸引力，教学效果就会大打折扣。

五、引进时事素材，提高线上教学的时政性

疫情期间有很多时事素材能够链接教材内容，印证教材观点，把它们及时引入课堂，一方面提高学生学习的趣味性，加深对教材内容的理解和掌握；另一方面凸显学科的德育功能，提高教学的时政性。

2022年3月16日，"平安邹平"刊登了一则报道：《零容忍！邹平公安依法严厉查处3起涉疫违法行为》，在第二天复习"法律 规则 自由"专题时，我就把相关内容引入课堂，指导学生分析案例中行为人的违法性质、违法类别，加深学生对法治与自由的不可分割、权利与义务相互统一关系的理解，在此基础上引导学生怎样自觉遵守规则、怎样正确行使权利自觉履行义务。在复习《积极承担责任 奉献社会》专题时，把广大医护人员和志愿者辛勤工作的图片和视频引入课堂，和学生一起分析责任的来源、付出与回报的关系、怎样做一个负责任的人、怎样养成亲社会行为等知识，不仅加深了对教材内容的理解，而且在行动上大大提高了学生行为的自觉性，培育了学生的公民素养，凸显出学科的德育功能。

线上教学的形式与方法，因人而异、因地而异、因学科而异，期待有更好的尝试与交流。"不畏浮云遮望眼"，我们也期待云开"疫"散的日子早日到来。

春到梁邹

——写在核酸检测的日子

2022-04-03

春到梁邹，草木返青，红杏初绽。

"春风动春心，流目瞩山林。"站在楼上，顺着目光看去，那山林中，风吹林动，是春风的脚步。山花烂漫，那绚丽的颜色，是春风的笑脸。春风吹过你的耳边，似乎在低低地说：快醒来吧，春天来了。在田野上，在山岗上，春风催开了花，吹绿了草，带给大地勃勃生机。

今年的春天，与往年有些不同。自然界迎来万物复苏，但是梁邹大地似乎还在沉睡不起，不，是强制性冬眠。清晨，当我还在半梦半醒中的时候，被楼下物业一遍遍催促的喇叭声从睡梦中叫醒："15号楼的，赶紧下楼做核酸……"这是当前最大的政治任务，懈怠不得，揉揉惺忪的睡眼，抓紧下床穿衣、洗漱下楼。窗外，那早起的小鸟，欢快地叫着，唱出一串串动人的音乐，清脆悦耳，与这孤单寂寞冷的喇叭声相互应和着，形成了今年的春之交响曲。

昨天停了一天，今天接着做第13轮核酸检测，听说还要接连做三天。趁着做核酸排队的过程，人们纷纷下楼相互交谈着、议论着，"这核酸检测不知还要做几轮？""无症状感染者数量昨天又有增长吗？""听说淄博解封之后发现了一例很快又封控了。""我们市社会面动态清零几天了？应该也快解封了吧。"……大家你一言我一语，似乎有说不完的话，一天中只有这个时候可以出来呼吸一下新鲜的空气，就像在监狱里定期出来放风一样，人们格外珍惜这短暂的时光，从内心对裴多菲的"生命诚可贵，爱情价更高。若为自由故，两者皆可抛"这首诗有了更加深刻的体验。

做完核酸检测回到家中，经过春风的拂动，已经了无睡意，接下来就是做饭吃饭、备课上课了，每天都是这样重复着昨天的故事。偶有闲余，整理点文字材料，写写心得，记录这特殊的生活。

近几天一直和路霞在整理线上教学调查问卷分析报告，从格式到内容，修改了好几次，试图通过一系列的数字结合我们的一些做法整理出点成果。昨天收到了市教研室"关于征集线上教学案例的通知"，经过思考，我们决定以此为契机，对分析报告做进一步的修改，上交参评，毕竟我们已经在这项工作上面付出了很多，也希望像抗击疫情一样，能够取得明显的战果。

学校要组织学生线上考试，试题的命制任务没等分配，作为备课组长的园园每次都不等不靠，默默地承担了。通过微信小程序"班级小管家"发布答题卡成了一大难题，或许是年龄大了的缘故，一些新鲜事物接受起来可能有些困难，甚至是从心理上就有些畏难抑或抵制，考虑到不影响大局，还有后期的阅卷任务，还是硬着头皮学起来。反复看了孟主任发到群里的视频，最后还是靠着园园的录屏一步一步地完成了试题及答题卡的发布，内心有些小小的成就感，心想又学了一门手艺。从这个问题上来看，园园又成了我的老师，应了韩愈那句"弟子不必不如师，师不必贤于弟子"的古话。

居家三周了，似乎慢慢适应了这种无奈的生活，透过窗户和高楼的间隙，只能看到春的一角，内心仍有一种想出去放飞自我的强烈愿望。

春到梁邹，期待春风吹走"新冠"，迎来人们笑颜怒绽。

春

——写在解封的日子

2022-04-07

盼望着，盼望着，"解封"的通知来了，上班的日子近了。

一切都像刚睡醒的样子，欣欣然张开了眼。业主群里热闹起来了，楼下的声音嘈杂起来了，人们的心开始躁动起来了。

有人从小区门里走出来，战战兢兢的，探头探脑的。公路上，大街上，一小撮一小撮零星着。走着，跳着，你说一言，我搭一语，相互说笑着，彼此寒暄着。风轻悄悄的，脸笑灿灿的。

鞭炮，礼炮，电子炮，你不让我，我不让你，都开满了天竞放着。天使的白，志愿的红，网格的蓝。天空带着甜味儿；睁开眼，内心仿佛全是欢喜、兴奋、胜利。成千成百的医护志愿者，大小的警车跑来跑去。"大白"遍地是：好样儿，有名字的，没名字的，散在人群里，像珍珠，像太阳，给我们带来光明。

"吹面不寒杨柳风"，不错的，像母亲的手抚摸着我。群里带来复工复产的信息，还有各种人群的声音，都在这无所不能的微信群里酝酿。行政企事业单位能上班的，高兴起来了，呼朋引伴地传递着单位的通知，晒出各种图片，与其他群的同事应和着。个体户经商的抱怨，这时候也不停地在群里嘟囔着。

口罩是最寻常的，一戴就是一整天。可别恼。看，带国旗的，带党徽的，带爱心的，相互交错着，后面都是那张曾经熟悉的脸。两点一线，哪儿也不能去。傍晚时候，下班了，一张张出入证明，展示出严谨而有序的管理。乡下去，小路上，村头边，有搭起小屋站岗值班的人；还有在街上走动的村干部，穿着红马甲，戴着小牌牌。他们的身影稀稀疏疏的，在空气里静默着。

复工复产渐渐多了，手机上的码也多了。健康码，行程码，场所码，一个也不能少。舒活舒活筋骨，抖擞抖擞精神，把失去的损失补回来。"一年之计在于春"，刚起头儿，有的是工夫，有的是希望。

春天是不辞辛劳的医护人员，从头到脚都是白的，他生长着。

春天是默默付出的志愿者，不计报酬的，笑着，走着。

春天是坚强有力的党和政府，有英明科学的决策和八方支援的磅礴力量，他领着我们向前去。

我还是一样喜欢你

——写在线上听评课的日子

2022-04-13

每次听到《听闻远方有你》这首歌，内心都很受触动，不自觉地想循环播放。疫情期间有人调侃：我吹过你吹过的风，这算不算相拥，算，这叫密接；我走过你走过的路，这算不算相逢，算，这叫次密接。关于听评课，无论是线下还是线上，我也想说：我学会了你用过的技术，这算不算收获，算，这叫借鉴；我避免了你犯过的错误，这算不算进步，算，这叫创新。

关于线上听评课的想法和念头，一直在我头脑中徘徊。主要顾虑到这样几个因素，一是效果会如何？价值有多大？二是和线下标准不一致是否计入期末考核？三是如何进行过程的监控？四是老师们会有什么反应？为此，我私下和几个教研组长、备课组长做了深入的探讨和交流，听取了他们的意见和建议。眼看着复学的日子没有归期，恰好上级教研部门和学校领导有这方面的要求，于是我们还是决定"动身跋涉千里，追逐沿途的风景"，把已经起草好的线上教学听评课方案迅即发给学校领导审阅，并随即展开。

三天来，我参加了语文、数学、生物、地理、物理、道法等学科的听评课活动，虽然因为时间关系或与自己上课冲突等原因，有的学科的听评课过程我没有从头至尾地坚持下来，但还是有这样几点收获，想和老师们一起交流和分享：

1.技术上的借鉴。通过听课了解到老师们对不同软件其功能不同程度的运用，如虚拟背景的设置、选择题答题卡的使用、课件的播放技巧等，也丰富了对自己课堂教学的技术形式，同时认识到习惯的力量和不断学习的重要性和紧迫性。

2.理念上的收获。线上教学是不得已情况下采取的教学形式，与线下的现场教学相比肯定有很多不足，但在这种形势下如果不保持积极的心态，光抱怨是没有用的。只有积极面对并应对，采取措施，不断改进，力求线上教学效果的最大化，努力构建高效的线上教学课堂，才能为复学后缩小差距，良好教学成绩的取得奠定坚实的基础。如果一味地消极应付，一心只想着等复学后再重新来过，可能一切都晚了，只能是被别人越落越远。

3.研讨的力量。非本学科的课堂教学我没有发言权，不敢妄评，只是本着学习的出发点参与了几个学科的评课研讨过程，听取了同学科教师从专业角度的评课观点和意见，进一步认识到团队力量的强大和教学研讨的必要性，对"独行快，众行远"有了更深刻的体会和理解。一位老师、一节课整体来看可能有很多不足或不尽如人意的地方，但尺有所短寸有所长，我们本着学习别人优点和长处的心态，取人之长，为我所用，对于自己来说就是收获和进步，我想这也正是我们组织听评研讨的价值和意义所在。

线上听评课对于我们来说也是一种新鲜事物和尝试，但无论是线下还是线上，"我（们）从来不曾歇息"，但千万不能"像风走了万里不问归期"，随着活动的逐步深入和开展，只要你用心对待，抱着"我还是一样喜欢你"的心态，去"追逐沿途的风景"，相信会有更多意想不到的惊喜和收获在前面等着我们。

我在美丽校园等你

——写在即将复学的日子

2022-04-22

疫情即将过去，复学日子在即，一首深情的《可可托海的牧羊人》让人动情不已，边听边写记下这些文字，以此纪念这段特殊的日子。

校园的花也没能留住你，发绿的树还在那儿等你，你的读书声仿佛还在我耳边响起，告诉我你曾来过这里。线上的课累不坏我自己，线下的你却让我牵挂不已，我愿意陪你翻过网络好好学习，可你经常卡顿才断绝了师生交流的消息。同学们，我在美丽校园等你。

他们说你厌倦了手机，是不是因为校园有美丽的花草树，还是校园的老师，才能酿出你要的甜蜜；教室内又有读书声声响起，我知道那一定就是你，再没人能唱出像你那样动人的歌曲，你们每一个灿烂的笑容都让我难忘记。可怕的病毒即将过去，复学的日子让我兴奋不已，我愿意陪你回到线下好好学习，听到你取得好成绩快乐的消息。同学们，我在明亮教室等你。

老师们已回到了这里，只是因为这里有纯真的她和你，还有那餐厅美丽的姨，她们做出可口的食物；操场内又有口号声声响起，我知道那一定就是你，再没人能跑出像你那样有力的脚步，你们每一声青春的誓言都让我难忘记。同学们，我在宽阔操场等你。

很快你将回到这里，只是因为这里有你光明的希望和前途，还有那朝夕相处的同学，你们结下深厚的友谊；文之道又有欢声笑语响起，我知道那一定就是你，再没人能跳出像你那样优美的舞姿，你们每一个美丽的身影都让我难忘记。

同学们，我在美丽校园等你！

写在后面的话：

致学生：线上教学的日子，我在这头，你在那头；隔着屏幕，我看得见你，却够不着你；师爱没有距离，我把你放在心上，也希望你把老师的话语放在心上；双眼酸涩，殷殷叮咛，特别的日子，把这份特别的爱，献给特别的你。春天已经来临，灾难终将过去，希望你们归来仍是少年！

致老师：疫情居家实属无奈，精心备课调整心态；线上教学同样精彩，共同努力不负时代。

加油，加油，我们一起向未来！

师徒

2022-09-22

"青蓝工程",师徒结对,是每个学校都有的项目,但是否能把这项工作落到实处,如何落实大有文章可作。通过一系列活动的组织过程,越来越认识到要想使年轻教师尽快地成长成熟起来,师父的点拨引领还是很重要的。

师父要教给徒弟学科业务知识,提高课堂教学水平。课堂教学水平的高低是一个老师的立身之本,我想这一点是"师带徒"摆在首要位置的任务。年轻教师初涉教坛,对教材文本不熟,内容理解不透,重难点把握不准,教学环节设计不科学等,这是很正常的事情,师父要通过平时的听评课教研、集体备课等机会,给予及时的点拨讲解,指出问题所在,提出修改方案,只有这样日积月累,徒弟才会慢慢地进步成长。

师父要教给徒弟管理学生的方法,提高学生管理水平。一个老师教学成绩的好坏是其在同行中是否拥有发言权的重要资本,要想有良好的教学成绩,单靠课堂教学这一方面是不够的,还必须加强对学生的管理。学生管理既包括课堂上的学生管理,也包括课下对学生的管理。课堂上的学生管理包括课堂教学秩序的维护和学生听课积极性的调动,课下的学生管理包括课后作业的批改反馈和日常师生之间的交往。年轻教师和学生年龄接近,有共同语言,这是先天的优势,但往往也是和学生关系处理不当的先天因素,大多表现为师生交往的距离拉得太近，把控不适度，进而导致学生对老师没有敬畏感，从而不把老师的要求放在心上，放松了自己的学习，这必然会影响所教学科的教学成绩。作为师父，在平时工作与生活中要善于观察，看在眼里记在心上，必要的时候予以点拨纠偏，告诉他应该怎样做。

师父要做徒弟职业生涯的规划师，让其在职业成长的道路上少走弯路。师父往往都是年长的教师，既有成功的经验，也有失败的教训，这也是师父之所以能成为师父的先决条件。这就要求师父要毫无保留地把自己的成功经验传授给徒弟，让徒弟快速成长，同时要把自己成长过程中失败的教训提前预设到，不要让它在徒弟身上重演，什么时间干什么事，提前规划提前准备，提前布置提前安排，做到未雨绸缪，只有这样，徒弟才能在机会来临时能抓稳抓牢，迅速实现质的蜕变和华丽转身。比如说这次教学能手评选过程中，不少年轻教师因为缺乏论文、课题或其他成果而导致机会丧失，我觉得从某种程度上说就是师父的责任。

师父要不断给徒弟施加压力，让其在不断参加活动中迅速成长起来。活动是形式，但参加活动的过程是很能锻炼人的。每个人都有惰性，尤其是现在的年轻人，生活无忧，职业理想和职业追求缺失，成长动力不足，如果有人在旁边逼他一下、拉他一把，就会激发斗志，收获成功的喜悦。师父应该成为关键时候逼他一下、拉他一把的那个人。

师父要保持一种无私大爱的精神，真正做到"青出于蓝而胜于蓝"。"师徒"一场是人生中的一种缘分，师父要把自己所拥有的所谓经历和经验毫无保留地传承给徒弟，让徒弟成为你的影子，争取让徒弟站在师父的肩膀上超越师父，这才是"青蓝工程"的要义所在，也是教育发展的趋势和方向所在。想想当你退休离开讲台的时候，你所谓的武艺和本领没有了施展的场所和平台，也就丧失了它存在的意义和价值所在，那才是人生的憾事。

从教三十年，以前自己是徒弟，自己的成长感恩于以前帮助过我的师父，我终生难忘。现在自己成了师父，真正意义上的徒弟没有几个，园园是其中的一个，她个人素质好，悟性高，有智商也有情商，我在她身上寄予了厚望，像呵护自己的女儿一样呵护她的成长，有次在家里谈起园园，我的女儿说："爸爸，你再这样我要吃醋了。"我意识到我说的有点多了。相信她一定会很快超过我，我的职业生涯未完成的任务、未实现的目标、未达成的心愿一定会在她身上变成现实，等我离开讲台甚至故去的时候，别人看到园园如果偶尔还能够想起我，足矣！